日本仏教史研究叢書

思想史としての「精神主義」

福島栄寿

法藏館

思想史としての「精神主義」*目次

装幀　山崎　登

思想史としての「精神主義」

序章　本研究の方法と視座
——「精神主義」研究の現状と課題——

はじめに

本研究の論題は、「思想史としての「精神主義」」である。論題の通り、本研究は、近代日本において内面の自覚を通じて、信仰のあり方に革新をもたらしたとされる清沢満之（一八六三～一九〇三）など、浩々洞同人による「精神主義」運動について取り上げ、「思想史」として分析するものである。ただし、ここで筆者が言う「思想史」とは、以下に述べるような研究方法についての反省を経過しているものである。

従来、「近代仏教」についての思想史研究は、①テクストの内在的読解に基づく思想家像の再構成論[1]、②天皇制イデオロギー仏教批判論、仏教信仰近代化論[2]がその主だった分析の視座・方法であったと言ってよい。そこで、この序章では、最近の思想史・文化理論研究の動向に照らしながら、従来の清沢満之論・「精神主義」研究が採用する視座や方法について、その陥穽を見出し、その上で、本研究が何を具体的に考察しようとするのかを、明確にしておきたい。

加えて、論題にみるように、本研究の主題は、「精神主義」関連の問題であるが、一方、方法としての「思想史」を模索するという意図も併せて有しており、方法論の観点から重要だと思われる問題についても、併せて論じることとした。あらかじめ言えば、序章には、補論を置き、(3)久木幸男著『検証清沢満之批判』（法藏館、一九九五年）への書評を兼ねながら、思想史の方法に関して述べた。また第二章と第四章は、テーマの中心に「精神主義」を据えてはいないが、近代仏教史・宗教思想史についての諸相をも明らかにせんとする所論である。論題としては付していないが、そうした近代仏教・宗教の諸相を明らかにすることもまた、本研究の趣旨のうちにあることを明記しておきたい。

一　内在的読解に隠されたものと言説分析のテクスト観

まず、「はじめに」で指摘した、①について考えたい。

清沢満之の思想を内在的に語る方法とは、たとえば、次のような言辞に典型的である。

歴史家などの方々がひとりの歴史的人間として見る場合と、真宗の人々が一人の真宗を生きた宗教者として彼（清沢…引用者）を見る場合とでは、その意味づけが全然違ってくると思うんです。真宗学の場合には、一人の同行、……信心の行者……として見ていきます。（歴史家が…引用者）後から客観的にこの人はこうであった、……と評価を与えるというよりもむしろ信仰を生きた人、私たちの先輩として見ますから、非常に見方がちがってくる。同じ場所に身をおいていくという事がございます。(4)

私にとって満之は、ひとつの研究対象として距離を置いて考えるには、あまりにも近い位置にいる。私は、強い思い入れをもって、かれの内面に入り、その宗教的「個」の形成とその思想の意味を尋ねてみたいと思った(5)。

子安宣邦は、『「宣長問題」とは何か』（青土社、一九九五年）の結び「宣長を読むこと」で、小林秀雄が『本居宣長』（新潮社、一九七七年）で行った「宣長の内側に入ってする読み」について、以下のようにその特徴を批判的に述べている。これは、とりもなおさず、テクストの読みが孕む問題を指摘しているのであり、従来の清沢満之・「精神主義」研究が、テクストの内在的解釈という方法に基づきながら讃仰的な清沢満之論として語られる際にも、同様に見受けられる読みでもある。先取りすれば、いま確認した真宗学者がする「同じ場所に身をおいて」、「強い思い入れをもって、かれ（清沢…引用者）の内面に入」るという解釈態度の表明には、実は、幾つかの「隠された次元」が前提されているのである。

テクストの内側を読むということは、何よりその作者・著者に読み手が身を添えることです。……ところで、小林が宣長の内部に入って読むべきであるとし、自分は宣長の内側に入って外に出なかったのだというとき、そうした主張には、宣長への外在的な読みに対する批判とは別の何かが隠されています。それは宣長と小林との間に予めもたれた特権的な関係です。／あるテクストの内側から読むということは、あるいはそのテクストの著者の内部から理解するということは、誰にでも、また誰を対象にしてでもできるということではありません。自分は内から読んだというとき、そこには、己れがただ外部から観察する眼ではない、内部から読みうる眼の所有者であることの自負が隠されております。……／テクストの内から読むということは、その読み手の「内から読みうる眼」の所有者であるとの自負を隠しているというだけではありません。テクストの著者と読み手との間の心の共振の関係がそこには隠されております。(6)

「作者・著者に読み手が身を添えること」が「テクストの内側を読むということ」の内実なのであり、「自分は内から読んだというとき、そこには、已れがただ外部から観察する眼ではない、内部から読みうる眼の所有者であることの自負が隠されて」いるのだという。そして、それのみならず、「テクストの著者と読み手との間の心の共振の関係がそこには隠されて」いるという。真宗学者の「真宗を共に歩んだ先輩」という見方には、当然、「特権的な関係」が隠れているだろう。

さて、小林の読みに対するこのような指摘は、テクストに基づいた思想の分析方法についての厳しい反省からなされていることは言うまでもない。そして、子安は、日本思想史学では、代表的なテーマである儒学思想研究、なかでも従来の荻生徂徠研究（具体的には、丸山真男『日本政治思想史研究』〈東京大学出版会、一九五二年〉の所論）について批判的に論じながら、ポール・リクールの「テクストの自律性」(7)というテクスト観や、ミッシェル・フーコーの「言説」(8)への視座を有効的に援用しつつ、思想史研究への言説＝事件・出来事という視座の導入を次のように述べている。

かくて徂徠の言説は、まさしく新たに言い出されたことの事件性において、あるいはその言い出されたことが言説空間にもたらす同調や抵抗の波動のうちに、それがもたらす特異な波立を見分けることで、またすでにある言説をそれが差異化する局面の精査によって、その意味が問われていくことになるだろう。(9)

と、その思想史の方法論が、ここには端的に述べられている。つまり、この言説＝事件としての思想史という方法論とは、従来の思想史研究の記述に隠されて存在するテクストを読むことに関わる特権性を批判しつつ、「テクストの自律」というテクストへの見方を踏まえながら、同時に、テクストの「言説」性という、言い出されたことの波動や機能を重視し、かつ、他の言説との関係においてもつ意味に注目しようとするのである。

以上のようなテクスト分析についての反省は、むろん宗教・仏教の思想史研究についても同様になされるべきであると筆者は考えている。[10] そこで、第一章「「精神主義」の波紋――親鸞と清沢満之を共に語る言説の成立――[11]」では、「精神主義」についての分析を、清沢満之その人に関心の中心を置きながら、彼のテクストを内在的に読むような方法からではなく、「精神主義」が雑誌『精神界』を通じて提唱された、その同時代における仏教思想界における「波紋」に焦点をあてることから考察を試みたい。実は、「精神主義」という信仰をめぐる批判・反批判の応酬の中で、「精神主義」の正統性を語るある独特な言説が成立してくるのだが、それは、清沢を讃仰する言説に他ならない。すなわち、この第一章では、その種の言説が、いかに歴史的に構成されてきたものであるかが、明らかになるだろう。

さらに、このような言説の「波紋」への視座という第一章の趣意と関連して、第二章「福沢諭吉の「宗教」認識の波紋[12]」として、近代日本の代表的啓蒙思想家福沢諭吉の宗教論（＝宗教的言説）が、明治時代を通じて、いかに仏教者たちに認識されたのかに焦点を合わせながら、その言説の通時代的な「波紋」のありようを考察したい。

二　キャロル・グラックのメタヒストリーを手がかりに

次に、②について考えたい。②天皇制イデオロギー仏教批判論、仏教信仰近代化論に関する問題を考える上では、キャロル・グラックが行った、日本の戦後歴史研究についての優れたメタヒストリーが参考になる。グラックは、その中で、戦後史学のメイン・ストーリーを次のように指摘している。

日本におけるメイン・ストーリーは、世界中のほぼすべての国と同様に、「近代になる」という「大きな物語（grand narrative）」である。近代は、ユートピアであると同時に実際の状態でもあるので、歴史家は、ありうべき近代と実現された近代に関する自らの見解を関連させながら、「物語」を書いた。……／日本においては、「近代になる」という大きな物語は、開発という主題と自由という対抗的主題とともに、二つの「主要な物語（master narratives）」によって表現されている。大ざっぱにいえば、支配的であったマルクス主義と異端であった近代化論がそれである。前者においては進歩的で弁証法的に段階をふんで近代へといたるが、その近代はいまだそのユートピア的なヴィジョンを実現してはいないと批判的に考えられた。後者は漸進的で単線的に段階をふんで近代へいたるものであるが、そこでの近代は成功を運命づけられたものであり、他国に対してのモデルとなりうるほどに肯定的に考えられた。進歩的な物語が詳述したのはゆがんだ発展であり、封建制がその時代を超えて存続し、明治維新は失敗に終わった革命、そして天皇制国家の帰結が帝国主義と侵略戦争であったとされた。[13]

このようなグラックの指摘を踏まえつつ、近代仏教史・思想史研究を思い起こすとき、たとえば、近代の仏教者が、天皇制国家確立を目指した国家神道創出過程の真っ只中で、「信仰の自由」をどの程度まで獲得し得たかとか、明治維新以来の文明化を批判し、国家社会に対峙しながら、「近代的自我」に基づく近代の仏教的信仰を確立し得たのだとするナラティヴ（narrative）は、すぐに思い起こされるものであろう。近代仏教史研究のナラティヴもまた、グラックが指摘する日本の歴史家のナラティヴをかなりの度合で共有していたと言ってもいいだろう。あるいは、天皇制国家に従属的な主体を創出するイデオロギーとしての「精神主義」批判論などが、歴史学からする「精神主義」研究の典型的な論調としてあったが[14]、これは、グラックに言わせれば仏教のゆがんだ近代化論というナラティヴに基づく分析となろう。

グラックは、以降の歴史的語りの変遷を辿りながら、その帰結の一つとして、歴史的語りにおける「脱近代化」、つまり近代主義のストーリーライン（宗教思想史研究について言えば、たとえば、近代的信仰主体の発現や成立を中世や近世に遡って読み返す解釈を意味するだろう）からの解放を指摘している。すなわち「一九九〇年代までに、弁証法的マルクス主義の、そして単線的近代化論の語りももはや通用しなくなった[15]」のである。

だが、グラックによれば、「「近代になる」という物語は終わったというよりも、語り直される過程にある[16]」のであり、彼女は、「近代の文法」という概念を設定して、近代の分析を提唱するのである。

「近代の文法」概念が示唆することは、近代が出現するところには必ず、特有の歴史的様式の違いに拘らず、ある種の現象が見られるということである。……今日、私たちは国民国家に立ち戻っている。ポスト冷戦の時代において再び新しい国家の数が増加するにつれ、"nationalizing project"(すべてのことを国家を通して再構築する作業)がすなわち近代であるかのように見做されるようになった。……国語、国文学、国史の誕生。国の空間、国民の人種、国家の儀式創出。国民国家というコンテクストにおける、ジェンダー、家族、階級、コミュニティーを通した社会的差異の再定義。そして最後に、他者としての植民地に対峙する時のナショナリズムの盲目性。……近代というものは、国民的主体として成立する。つまり近代は「我々」の時代であるのだ。/これは、日本のみではなく、他の多くの国についても言える。これが、すなわち近代の「共通の文法」である。この現象が生じるタイミングはまちまちだが、主に二つの時期に集中している。第一に、一七八九年から一九一七年までの「長い十九世紀」と、第二に、第一次世界大戦から現在までである。……明治日本においては、一八八〇年代後半、ほとんど同じ頃に国語、国文学、国史、天皇制国家の権威的な形(canonical form)が整えられたかのようである。……/今日の「近代」の再編は、国民—国家化のプロジェクトを国家のレベルにとどまらず、より広い現象として理解する。その目指すところは、近代が自らを創出する作業の中で近代をとらえること、つまり近代が「自然」で、必然、必須のものであると見做すことを長らく教えてきたもの(例えば「国民国家」)を所与とせずに吟味することである。(17)

筆者は、グラックの「近代の文法」は、当然、近代の仏教や宗教を研究する者にとっても、大いに参考にすべき概念であると考えている。たとえば、「長い十九世紀」という単なる歴史的時間概念ではなく、「近代の共通の文法」に基づく諸現象が生じる時期という問題構成的な視座を導入したり、さらには、「国民国家というコンテクストにおける、ジェンダー、家族、階級、コミュニティーを通した社会的差異の再定義」などの関係から近代日本の仏教や宗教を捉え直すことで、従来にはない視座から近代日本を分析することが可能になり、かつ仏教や宗教に関わる事象を歴史学のより普遍的な研究課題として議論の俎上にのせることが可能になるのではないだろうか。

三　「思想史の十九世紀」という視座

以上のようなグラックの指摘に触発される形になるが、ここで、少し具体的に考えてみたい。たとえば、「長い十九世紀」という概念に関わって、思想史学の立場からいかに捉え直すか、ということについては、近年、『江戸の思想』第七号（ぺりかん社、一九九七年）で具体的な分析が行われている。その序文には、

　思想史の十九世紀とは、近代へのひとつの視座の構成である。それは近世的言説を近代国家日本に再生し、再構成される言説との系譜的な関連のうちに見出しながら、近代的言説の成立を、近世的言説の近代日本・帝国日本における新たな再構成的言説としての成立であることを徹底してあらわにする視座である。(18)

と述べられている。「十九世紀」という視座の導入は、「近代的言説の成立」を「近世的言説」との系譜的関連に着目して分析することを可能にするのであり、このような視座の設定は、「近代日本・帝国日本」が成立させる近代的言説の歴史性を露にするというのである。

また、同じく「あとがき」には、

本号は、「思想史の十九世紀」を副題としている。「十九世紀の思想史」としなかったのはむろん理由がある。十九世紀を世界史的な画期と捉え、その画期が思想史や思想史研究にどのような波紋と切断をもたらすのか、その解明をめざすことがこの副題には込められているのである。……おそらく、世界史的に見ても十九世紀の諸思想自身には、〈外部性〉の喪失、換言するならば国家や民族という〈内部性〉の宣揚という特質が刻印されており、……（研究者たちは…引用者）その〈内部性〉の眼差しで、十九世紀の思想を語り、却って〈内部性〉を再生産してきたのではなかったか。……十九世紀の思想史が近代に連続するがゆえに、近代の側から、近代の眼差しで、それと連続するものとして語られてきた陥穽は、まさにここに存在している。……「思想史の十九世紀」という視点は、同時に「思想史の十八世紀以前」との非連続性を重視する視点でもある。[19]

と、述べられている。ここには「十九世紀」の画期性に着目しつつ、思想史を捉えようとする立場がうかがえよう。桂島宣弘は、「〈われわれ国民〉ならざるという意味での「他者」の思想として存在する」「徳川日本の思想」にまなざしを向けて、「〈われわれ国民〉の「自己」像が生成される時代として十九世紀を捉え[20]」ようとするのである。

筆者が、第三章で行おうとする考察もまた、こうした問題意識を共有しながら、江戸の『歎異抄』解釈と近代の「精神主義」者暁烏敏（一八七七～一九五四）の『歎異抄』解釈に着目しながら、真宗僧の「十九世紀」の自己認識の拠り所としての『歎異抄』の発見について論じようとしたものである。

「十九世紀」、真宗僧にとって、それは江戸宗学の時代であった。だが、「近代」の洗礼を受けた真宗僧にとって江戸宗学とその権威を支える宗門とは、「己れ」の内なる他者であっただろう。そして、真宗僧の「十九世紀」とは、「近代」というもう一つの外なる他者、すなわち、これら二つの他者との対峙の中で、「己れ」の自己認識を確立せんとした時代でもあったと言えよう。先取りして言えば、「近代」の洗礼を受けた清沢・暁烏による真宗大谷派の宗門革新の動きに端を発する「精神主義」とは、そのような十九世紀末の「自己省察」的な営みが行き着く信仰であった。いわば、二つの他者との対峙に挟まれた彼らのまなざしは「己れ」へと向けられたのである。そのような「己れ」の拠り所として、『歎異抄』とは、いかなる解釈を通じて発見されていくのか。第三章「『歎異抄』解釈の十九世紀――自己認識の創出と二つの他者――」での筆者の考察は、その具体像を明らかにするだろう。[21]

ところで、グラックは、「近代の文法」の具体例として、「国史」の成立を指摘していたが、日本においては、明治初年、明治政府が、その成立の正統性を明らかにするために修史事業を展開し、いわゆる国体史観の構築もまた、新たに並行して進められようとした。明治政府は、一旦は修史事業を放棄したものの、帝国大学への国史科の創設をはかる。一八八九年（明治二十二）六月、帝国大学国史科が成立し、同年十一月には、史学会（機関誌『史学会雑誌』）が設立されている。だが、一八九二年（明治二十五）、久米邦武が、その論文「神道は祭天の古俗」をめぐって帝国大学追放の処分を受けるなど、厳密な史料考証を前提とする近代史学は、挫折を経験する。[22]

他方、仏教についての歴史学研究は、一八九四年（明治二十七）、真宗大谷派の僧侶である村上専精（一八五一～一九二九）、境野黄洋（一八七一～一九三三）、鷲尾順敬（一八六八～一九四一）らが雑誌

『仏教史林』を創刊し、本格的に始まった。(23) 村上は、その創刊号巻頭の仏教史研究の必要を述べる論考の中で、次のように述べている。

社会の大勢を観るに、万事已に空想の時代は去りて事実時代に移んとし、理論的研究は転じて歴史的穿鑿に進んとす、請ふ眼を開きて天下学術攷究の景況を見よ、百科の学問は已に歴史的研究を要するには非る乎、然り而して仏教は広大の歴史を有するものなり、広大の歴史を有する仏教にして豈此際に当り歴史的研究を放棄すべけんや。(24)

仏教の歴史学研究もまた、「十九世紀」に成立したのであるが、このような仏教史学研究の自覚のもと、『仏教史林』には、ある蓮如伝が連載される。そこには、蓮如（一四一五～九九）が、仏教の史学的分析を通して、近代へ再生してくる具体的なありようがある。このような「近代の蓮如伝の成立」という問題は、やはり「十九世紀」という視座が拓いてくれるものであろう。

さらに歴史学ということで言えば、近年、酒井直樹は、歴史学の言遂行性の次元、すなわち歴史家が歴史を記述することで何を成し遂げようとしているか、を問う必要を指摘している。

「歴史を歴史化する」というと奇妙に聞こえるかもしれないが、それは天皇制が過去にどのような形態をとっていたかという陳述的な constative 問いとともに、歴史という語りは常に一種の言行為であり、歴史は何かを遂行し成し遂げる以上、「歴史は何をするのか」という言遂行的な performative 問いを忘れるわけにはゆかないからである。つまり歴史は過去に関する陳述の資格で語られた（あるいは騙られた）現在における実践であり、歴史化するというのは、この言遂行の側面を分析し開示することであると私は考えている。(25)

このような歴史記述のメタレベルの問題に視座を設定し、歴史家が何を意図し、何を言遂行しようとしていたのかという、いわば、歴史記述の言説性を問うことをもまた、筆者は、思想史研究が射程に入れるべき課題であると考えている。そこで、直接的には、表題の「精神主義」とは関わらないが、筆者の思想史の方法的認識との関係で、第四章「「史家」の蓮如伝――『仏教史林』所収「恵《(ママ)》燈大師蓮如」をめぐって[26]――」として、『仏教史林』に連載された近代の最初期に成立する蓮如伝を取り上げ、歴史家によっていかに蓮如像が史的に語り直されるかを、具体的に考察してみたい。

四　「精神主義」のジェンダー

最後に、グラックの「近代の文法」との関係から、「精神主義」信仰について、ジェンダーや家族という視座から、考察を試みておきたい。

ヘルマン・オームスはその「テクストと隠れた次元」（岩波講座『現代思想』九、一九九四年）において、テクスト生産に関わる「隠れた次元」をピエール・ブルデューの「場《フィールド》」の理論と結びつけて理解を示しつつ、この「隠れた次元」に関係付けながら、「フェミニズム的テクスト分析」について次のように述べている。

「隠れた次元」が関わるのは、おそらくテクスト本体の意味ではなく、テクストの意義（significance）と機能（function）である。……こうしてテクスト以上にコンテクストに対してもっと注目するというのは、……「新解釈学」のおそらくもっとも前途有望な方向である。ある種のフェミニズム的テクスト分析が新たな分野を切り開いてきたのも、明らかにこの次元においてである。……こうしたフェミニズムのアプローチはたいてい、その場の多様なディスクールの構成に本質的に不可欠な「沈黙」を暴露することによって展開する。これらのディスクールが、往々にして「普遍的に人間にあてはまる」と述べることがらは、男性特有の見方以外の何ものでもない、と読解される。……／ジェンダーという次元は、知のあらゆる場において、このように解釈の戦線を引きなおしており、それによって知の場は再構築されつつある。……かつては文化的へゲモニーの力に沈黙させられていたそれら（他のマイノリティー…引用者）の声も、ますます大きくなり、われわれの文化遺産とわれわれが生活する世界とについての理解を、根底から変えることになるであろう。こうした事態は、……根本的には、知の統一性には、そもそも（その不可避的な構成要素である）他者性（alterity）が内在しており、それゆえに、はじめから、その内部から、そこには亀裂があったのだ、という理由からである。(27)（傍点ママ）

「「隠れた次元」が関わるのは、おそらくテクスト本体の意味ではなく、テクストの意義（significance）と機能（function）である」、つまり、テクストには、テクストそれ自体に唯一本当の意味を固定的に読み出そうとする解釈からは見えてこない次元があるのであり、言ってみれば、テクスト以上にそうしたさまざまな次元、コンテクストに注目すべきだというのである。たとえば、フェミニズムによるテクスト分析とは、「その場の多様なディスクールの構成に本質的に不可欠な「沈黙」を暴露することによって展開する」のだという。このようなコンテクストを重視するテクスト分析とは、基本的には、フーコーの「言説（ディスクール）」概念に依拠するものであろう。

ところで、「言説」の領野、たとえば、医学、生物学、精神病理学などの学問体系を「知」と捉えるとき、そのような「知」が、性に関して、どのように規範化を遂行してきたかに関心を抱きつつ、いわばそうした「知」の機能的役割に着目して、歴史学にジェンダー概念を導入したジョーン・W・スコットは、自らの研究アプローチの意図と有効性について次にように述べる。

ジェンダーとは、性差にかんする知を意味している。……ジェンダーとは、肉体的差異に意味を付与する知なのである。……私たちは性差を、肉体について私たちがもっている知との相関においてしか見ることができないが、その知とは「純粋」なものではなく、幅広い言説の文脈のなかでそれがもっている含意から切り離すことはできない。したがって性差とは、……それ自体が説明を必要とする一つの可変的な社会的組織なのである。／このようなアプローチをとるならば、歴史学は両性の社会的組織化における変化の記録というばかりでなく、性差についての知の産出に参与するものとしてもきわめて重要な存在となってくる。……／私自身の考え方のなかでおそらくもっとも劇的な転換がおきたのは、ジェンダーのようなヒエラルヒーがどのようにして構築され、あるいは正当化されるのかと問いかけることをとおしてであった。「どのようにして」を強調することは、起源ではなく過程について、単一ではなく多数の原因について、イデオロギーや意識ではなくレトリックや言説について研究することを意味している。(28)（傍点ママ）

ここには、「性差についての知の産出に参与する」歴史学の、いわば言遂行性を問題にする視座がある。先に指摘したように、このような言遂行レベルの問いを立てることもまた、思想史研究の有効な視座であろう。しかし、残念ながら、近代仏教の思想史研究では、従来、女性論は、必ずしも積極的に論じられてきたとは言えない。このためそれは女性史の「ディレンマ」(「女性史の研究者たちは、女についての新しい情報を発掘することによって、長年にわたる無視にたいするバランスを回復できると考えていた。だが、ほとんど素朴実証主義ともいうべき域に達していた実証への信頼は、まもなくその批判へとつながった。新しい事実は過去における女たちの存在を実証するかもしれないが、それは必ずしも女たちの活動にたいして与えられる重要度〈もしくはその欠如〉を変えることにはならなかったのである」[29])から逃れているようであるが、しかし、筆者は、むしろ近代仏教の思想史研究では、スコットの言う「ディレンマ」すらいまだ経験していないと認識すべきであり、女性論の視座の欠落は、そのまま研究者の問題意識の欠落として認識しなくてはならないと自戒するものである。そこで、第五章「仏教婦人雑誌『家庭』にみる「家庭」と「女性」――「精神主義」のジェンダー――」[30]において、「精神主義」についてのジェンダー論を考察したい。

スコットによれば、ジェンダーとは、「肉体的差異に意味を付与する知」である。このことは、差異の意味付けとは何より権力関係を伴う政治的な行為であることを意味している。こうしたジェンダー概念を参考に、「精神主義」論者が女性に向けた救済の言説に注目することで、言ってみれば、「精神主義」という信仰の言説のジェンダーを考察したい。具体的には、浩々洞から数年間発行された仏教婦人雑誌『家庭』の論説や記事などを取り上げることにする。この『家庭』という雑誌を取り上げた研究は、従来の近代仏教史・思想史研究には、管見の限りでは、全く見受けられず、その意味でも、必要な考察であろう。

ところで、牟田和恵の研究によれば、明治二十～三十年代の日本社会では、ジャーナリズムをはじめ、家庭教育論、家庭小説など、「家庭」を論ずるディスクールが、ブームとも呼べるほどの勢いで噴出したという。この時期は明治政府にとって、「明治二二（一八八九）年の帝国憲法の発布をはじめとして民法の公布、教育勅語の発布、義務教育制度の完成、そして二度にわたる対外戦役とその勝利と、近代国家体制の確立・整備が進んだ時代であった[31]」のであり、また、一八九九年（明治三十二）には、高等女学校令が公布され、良妻賢母主義に基づく女子教育が制度的に確立している。すなわち、家族についてみれば、

法やさまざまな社会制度、教育のシステムが全国的に、また階層横断的に均質的に普及浸透して、国家の「監視」の視線があまねく行き渡るなかで、家族はそれに棹さし促進していく役割を担っていた。……その主たるエージェントになったのが新しく現れた「家庭」という新しい要素を備えた家族であり、そこで働いたのがいわば〈「家族」のイデオロギー〉ではなかっただろうか。すなわち、……明治二〇―三〇年代に「家庭」という言葉に象徴される道徳的で自閉的な新しい家族のありようが、望ましいもの、憧れの対象としての価値を獲得したことが、ひとつのイデオロギーとして――ひろく人々の生活や思考のパターンを拘束するという意味で――働き、「国民」としての意識を醸成し人々を国家社会に組み込んでいくことを促したといえるのではないだろうか[32]。

と、指摘し得るのであり、このことは、グラック流に言うならば、「家庭」とは、「十九世紀」に、国民国家の創出に伴って、「近代の文法」に則って新たに成立してくる概念なのである。では、仏教者、とくに「精神主義」者諸氏は、いかにこの「家庭」・家族を論じることで、流行する「家庭」論に参

入しようとしたのか。第五章では、こうした側面にも着目してみたい。

おわりに

以上、本研究では、「精神主義」を主題としながら、思想史の方法論についての反省を踏まえつつ、大きく三つのテーマから分析を試みたい。

ところで、『日本の近代化と民衆思想』（青木書店、一九七四年）の著者である安丸良夫は、近年、自らの研究史を振り返りつつ歴史家としての歴史認識について次のように述べている。

私たちの歴史認識は、(i)史料とそこから導きだされる歴史上の「事実」、(ii)私たちが生きる現実世界の全体性、(iii)(i)と(ii)に向きあっている私という個の内面性という三つの次元・契機をもっており、この三つの次元・契機をさまよいながらそこになんらかの脈絡や統合性を編みだそうとする個々の歴史家の努力として存在しているといえる。……／こうして、私たちの歴史認識とは、歴史家としての私たちの自意識が三つの異質な次元・契機をさまよいながら構成したフィクションだともいえるし、想像力が生みだした私たちの「物語り」だともいえることになるだろう。だがそれだからといって、この「物語り」は、単純な意味での恣意性の産物とはいえないだろう。私たちのこの「物語り」は、それぞれに固有の仕方で頑固な存在性をもった三つの次元・契機によって「存在拘束的」であり、そのことを自覚している限りで単なる恣意性を免れる道が拓かれているからである。……私たちは三つの次元・契機に引き裂かれるように牽引されながら、その歴史像をたえずつくり変えてゆくことになる[33]。

安丸がここに表明するような歴史認識は、昨今の「歴史＝物語・詩学[34]」論を意識した、それへの反論とも受け取れよう。このような「歴史＝物語・詩学」論は、いわゆる歴史学の「危機」を呼び覚ますことになったのだが、グラックによれば、こうした歴史学批判は、「歴史を社会的に構築されたディスコースへ、歴史叙述をテクスト的な表象へと変質させた」という。そして、このような「言語論的転回」による「歴史の認識論化は、歴史の方法論的地盤を崩壊させたというよりも、それを豊かにした[35]」という。

今日の歴史学を取り囲む危機的現状は、安丸が言う「三つの次元」の一つである「私たちが生きる現実世界の全体性」の変容がもたらしたものであり、とすれば、当然、その現実世界に拘束されながら、我々は、また新たなる歴史学・思想史学を模索しなければならないはずである。大桑斉の言葉を借りれば、歴史学の「大いなる危機」を認識しなければなるまい[36]。

筆者にとって、本研究は、近代以後とも言われる現代において、思想史という学を通じて、何をどのように積極的に創造的に語り出せるか、という切実な自問に答え続けようとする試みである。言ってみれば、筆者なりに「三つの次元・契機によって「存在拘束的」」であることを自覚しながら、「思想史」を考えてみようというのである。筆者が、以下の本論で「十九世紀」の『歎異抄』解釈を「物語り」、「精神主義」の「ジェンダー」を「物語る」のも、その具体的な試みに他ならない。このような考察を通して、従来の研究視座では捉えきれなかった「精神主義」の諸側面を提示していくこと、そのことが、思想史の方法論についての反省的考察に出発する本研究の成果となるはずである。

註

（1）清沢満之論について、このような特徴を有する主な研究を挙げれば、西村見暁『清沢満之先生』（法藏館、一九五一年）、寺川俊昭「清沢満之の「精神」について」（『大谷大学研究年報』二二、一九七〇年）、同『清沢満之論』（文栄堂書店、一九七三年）、最近では、安冨信哉『清沢満之と個の思想』（法藏館、一九九九年）などがある。

（2）前者には、たとえば、註(14)でも取り上げる福嶋寛隆「「精神主義」の歴史的性格」（『日本仏教』第五〇・五一合併号、一九八〇年）がある。また、近代国家を天皇制国家と押さえた上で、そのような国家社会の現実秩序を支えた思想家として清沢を捉えた研究に、赤松徹真「近代日本思想史における精神主義の位相――清沢満之の信仰とその陥穽――」（『仏教史学論集』、永田文昌堂、一九七七年）、伊香間祐學「明治三十三年十月三十日」（『北陸聞法通信』六、一九八七年）、川本義昭「清沢満之の教学的陥穽――「精神主義」における二諦的問題――」（信楽峻麿編『近代真宗思想史研究』、法藏館、一九八八年）などがある。後者には、田村圓澄「人間悪の意識と国家体制」（『思想』三九七、一九五七年）、柏原祐泉「「精神主義」の教団的基盤」（『印度仏教学研究』一三―二、一九六五年）脇本平也『評伝清沢満之』「終章　近代の仏教者」（法藏館、一九八二年）などがある。

（3）初出、「久木幸男著『検証清沢満之批判』」（日本近代仏教史研究会編『近代仏教』第六号「新刊紹介」、一九九九年）。この序章に筆者が提示した思想史の方法についての同様の反省的模索を背景に、久木幸男『検証清沢満之批判』（法藏館、一九九五年）について、とくにその分析方法にこだわりながら書評を兼ねて書いたものである。筆者の立場性を、併せて提示しておいた。

（4）安冨信哉「宗教的「個」の論理（二）」（『ともしび』、一九九〇年十二月号）。

（5）同前『清沢満之と個の思想』「序」（法藏館、一九九九年、九頁）。

（6）子安宣邦「宣長を読むこと」（『「宣長問題」とは何か』、青土社、一九九五年、二三七～二三八頁）。初出は、日本思想史研究会編『日本思想史研究会会報』第一一号、一九九四年（原題は「「内から」の読みとは何を読むのか――小林秀雄『本居宣長』再読――」）。引用原文では、「テキスト」だが、ここでは、表記を「テクスト」に統一した。

（7）ポール・リクールによれば、「書かれた言述において、書き手の志向とテクストの意味とは、一致しなくなる」のであり、「テクストのたどる運命は、その著者の体験という有限な地平からはみ出してしま」い、「テクストの言うところは、いまや著者が意味しようとした（言わんとした）ところ以上に重要である」（ポール・リクール「言述における出来事と意味」〈久米博・清水誠・久重忠夫共訳『解釈の革新』、白水社、一九八五年、五二頁〉）という。そして、彼によれば、こうしたテクストの特徴は「テクストの自律」（同「疎隔の解釈学的機能」〈同前書、一八九頁〉）を意味するのである。この「テクストの自律」というテクスト観は大切である。なぜなら、次のようなテクストの意味の了解についての理解は、この「テクストの自律」という認識に基づくからである。

テクストの意味は、テクストの背後にも、テクストの著者の推定される志向のほうにもなく、テクストの前方に、公然的でないテクストの指示の側に、テクストが開く世界のほうにある。したがって了解すべきは、最初の言述の状況ではなく、テクストの公然的でない指示において、世界を志向するものである。……テクストを了解することとは、意味から指示へとむかう動きを追っていくことである。つまりテクストの言うことから、テクストが言及しているものへ動くことである。私は読み手としての私の状況をこえ、著者の状況をこえて、テクストが私に開いてくれ、発見させてくれる世界の中に可能的に存在する仕方のほうへ進む（同「言述における出来事と意味」〈同前書、五九頁〉）。

筆者もまた、こうしたリクールのテクスト観を共有しながら、思想史の方法を模索したいと考えている。久米他訳では、「テキスト」と表記されているが「テクスト」に統一した。

（8）ミッシェル・フーコーは、『知の考古学』（中村雄二郎訳、河出書房新社、一九八一年、原書一九六九年）で「言説」について「言表が同一の言説形成＝編制に属する限りにおいて、言表の総体を、言説と呼ぶ」（一七九頁）と簡潔に規定している。また、フーコーの「言説」概念については、内田隆三の『ミッシェル・フーコー』（講談社現代新書、一九九〇年）「第四章　権力と主体の問題　Ⅰ　言説の分析」（一六〇〜一六一頁）における、次のまとめが参考になる。

フーコーが設定した問題は、言語をその存在において捉えることであった。この問題設定は、消極的には、①言説の責任者である「語る主体」への準拠、②言語表現をその形式的な構造に還元すること、という二つの陥穽――理解可能性――を同時に回避することを意味していた。それは積極的には、言語を一般的な可能性の体系としてではなく、実際に生じた出来事として、その実証的な存在において捉えることを意味する。／言語がその存在において問題とされるなら、その存在を組み立て、支えている「相関項」が明らかにされねばならない。フーコーは、その存在における言語のことを「言説」（ディスクール：discours）と呼んでいる。そして言説のもっとも基本的な単位を「言表」（エノンセ：énoncé）として規定する。言説の相関項はこの言表という基本的な次元で捉え直される。／……言表が文や命題や言語行為などの外見をもったとしても、言表を規定し、言表に相関する空間は、①文法、②公理体系、③文脈のいずれでもない。……言表は純粋に言語学的な範疇に属するのではなく、社会＝歴史的な諸条件＝相関項（Ⅰ言表が関説する対象領域、Ⅱ言表を語る主体の場所〈制度的な位置〉、Ⅲ言表が共在する領野〈隣接する言表群〉、Ⅳ言表がその制度的な物質性に支えられて使用される空間〔同書一六一～二頁〕）に支えられることによってはじめて、その固有の存在をもつのである。

いま、清沢満之の「精神主義」についてみれば、真宗大谷派という宗教教団内の立場から（Ⅱ）、浩々洞という信仰共同体において共同生活を営む清沢ら同人が刊行した機関誌『精神界』を主な論壇として（Ⅳ）、浄土真宗の革新的信仰を説こうとしたものであり（Ⅰ）、それは、他の真宗や仏教の信仰的立場からなる言表と隣接しており（Ⅲ）、それゆえ、それらの他言表群から賛同や批判があり、それに受け答えするといった、いわば、「波紋」が生じたということになる。

なお、フーコーは、テクストの筆者の真意を所与のテクストから解釈し、再構成してみせる解釈の方法ついて、次のように批判している。

人々は、言表それ自身を超えて、語る主体の意図、彼の意識的活動、その言わんとするところ、さらには、彼の意に反してそのことばの内に、また彼の明白なことばのほとんど知覚されないような裂け目のうちに、表われる無意識的な働きを、発見しようと試みる。いずれにせよ、重要なのは、別の言説を再構成し、聞こえる声を内部から生気づける無言の、ささやくような、豊かな言葉を再発見し、書かれた数行の間隙を経めぐり、ときにはそうした数行をひっくりかえす、些細で目に見えぬテクストを再建することである。思考の分析は、その用いる言説とくらべると、常に〈寓意的〉である。その問は必ず、次のようになる。一体なにが、述べられたことのなかで言われるのか？（中村雄二郎訳『知の考古学』、河出書房、一九八一年、四五頁）

（9）子安宣邦『「事件」としての徂徠学』（青土社、一九九〇年、一五頁）。

（10）真宗大谷派僧侶の子として生を享けた筆者が、清沢満之や「精神主義」を考察の対象として選択し、語ることには、子安が指摘する隠れた特権性が孕まれていることに、筆者は、自覚的であらねばならないと考えている。したがって、ここで述べたような、方法的反省を経た以上、筆者は、このような特権性の無自覚な再生産をできるだけ回避せねばなるまい。したがって、清沢満之や「精神主義」を考察対象として論じようとする筆者が行うべきは、従来の清沢満之論・「精神主義」論を批判的に検討し、これまで自明過ぎて自覚化されてこなかった論者の特権性それ自体をも問題化することであるはずだと考えている。

（11）初出、「「精神主義」の波紋についての一考察――清沢満之の思想についてのある言説をめぐって――」（真宗連合学会編『真宗研究』第三九号、一九九四年）。

（12）初出、「近代日本の「宗教」認識――福沢諭吉の「宗教論」をめぐって――」（日本思想史研究会編『日本思想史研究会会報』第一五号、一九九七年）。

（13）キャロル・グラック「戦後史学のメタヒストリー」（岩波講座『日本通史』別巻一、一九九五年、一九～二〇頁）。

（14）たとえば、筆者の念頭にあるこうした天皇制イデオロギー批判としての清沢満之論を具体的に示せば、福嶋寛隆「「精神主義」の歴史的性格」（『日本仏教』第五〇・五一合併号、一九八〇年）が典型的である（なお、以下の引用に当っては、『資料清沢満之 論文編』〈同朋舎、一九九一年〉への再収版を参照した）。ここでは、この福嶋論文を取り上げながら、その視座の特徴とその問題点について指摘しておきたい。

吾人が本当に君の為、国の為にせんとする時は、吾人は吾人の思案分別を抛棄せねばいかぬ。……自分の思慮分別を全く抛擲し去りて、直ちに命令を聞くべきである。君上の聖勅に服し、国内の命令に従ひて、疑慮なく一心不乱に勇猛精進するのが忠臣義士の操行である（「精進の心」『清沢満之全集』第六巻、法藏館、二六〇頁）。

清沢満之が唱えた「精神主義」は、たとえばこうした言辞を捉えられて、「「精神主義」によって確立される主体とは、この世における没主体に外ならなかった」（福嶋前掲論文）と厳しく断じられている。また、

無限の大悲に乗托して、安心したものは、自由である。此の自由とは完全なる無限の自由で、仏心を我に得て居る以上は、仏心が無限であるから、私共も亦た完全なる無限の自由で、決して何事の束縛も感ぜぬのであります。斯く云ひますと、然らば国家の法律にも服従せず、人の約束をも守らぬかと云ふ非難があるでせうが、さう無暗に自分勝手なことをするのではない。従う可き所には非常に従うのであります（「精神主義（その三）」『清沢満之全集』第六巻、法藏館、八〇頁）。

という彼の言辞は、「精神主義」の「歴史的性格」として、次のような評価を下されるのである。「日清戦争を経、いかにしても矛盾をおおいかくすことのできない段階に突入しようとする天皇制下の支配体制は、トータルな対決を挑んでくる社会主義運動の開始期に、「精神主義」という、それ自体はひたすら自律を指向する、まことに有効なイデオロギーを援軍として迎えることになったといえないか」（福嶋前掲論文）と。すなわち、「精神主義」は、天皇制国家の体制を支え得るイデオロギーであったかのようである。それはつまるところ、清沢満之が天皇制イデオロギーの補完的提供者＝イデオローグであったと指弾する評価と言えるだろう。

従来、近代日本の思想家についての歴史的評価は、思想家の生きた同時代において、どれだけ彼が「天皇制」国家を相対視でき、批判的に捉え得たかを重要な座標軸として下されることが多かった。とくに、近代日本思想史においてその傾向は顕著であったといってもよいだろう。福嶋の、清沢は「天皇制下の日本近代に適合的な信仰形態をつくりあげた」（福嶋前掲論文）という解釈もまた、そうした「天皇制」批判の座標軸により説得力を生じ得ると言えるだろう。

むろん、近代日本における天皇制の問題は、重要な論点であることは言うまでもないことである。だが、このような、清沢のテクストを「天皇制」批判のための論理に並び換えながら、かつ同時代の社会に還元的に解釈して、彼の思想を再構成し、分析する方法自体の生産性については、率直に言えば、疑問を抱くのを禁じ得ない。なぜならこのような解釈に含まれる恣意性のようなものには、筆者は、違和感を感ぜざるを得ないし、結果的に、

清沢を指弾しているという印象を読者に与えるに止まるように思えるからである。現に、こうした批判が行われてきたにもかかわらず、生産的な議論がなされてきたとは思えない。逆に、ひいては「天皇制」に呪われた近代仏教という像を、非常に硬直化させる論になってしまっているのではなかろうか。つまり、このような論自体がかえって、天皇制を強固に存続させるという言遂行を無自覚に成し遂げてしまっているということにはならないだろうか（このことについては、酒井直樹「歴史という語りの政治的機能」〈『死産される日本語・日本人』、新曜社、一九九六年〉が重要な指摘をしている）。

（15）キャロル・グラック「戦後史学のメタヒストリー」（前掲『日本通史』、二五頁）。

（16）同前項。

（17）キャロル・グラック「近代の文法」（『思想』八四五、一九九四年、二～四頁）。冨山一郎「国民の誕生と「日本人種」」をはじめ、同誌には、こうした視点を共有し、論証を試みた大変興味深い論考が複数掲載されている。なお、国民国家批判の重要性については、西川長夫『戦争の世紀を越えて――グローバル化時代の国家・歴史・民族――』（平凡社、二〇〇二年）が大変示唆的である。

（18）子安宣邦「思想史の十九世紀――近代への視座――」（『江戸の思想』第七号、一九九七年、六頁）。

（19）桂島宣弘『江戸の思想』第七号「あとがき」（のち『思想史の十九世紀』「まえがき――『他者』としての徳川日本――」〈ぺりかん社、一九九九年〉に再録）。

（20）桂島宣弘『思想史の十九世紀』「まえがき――『他者』としての徳川日本――」（ぺりかん社、一九九九年、二頁）。

（21）初出、「蓮如の近代――暁烏敏「『歎異鈔』を読む」にみる――」（光蓮寺仏教研究会編『蓮師教学研究』第六号、探求社、一九九六年）、「『歎異抄』解釈の十九世紀」（『江戸の思想』第七号、ぺりかん社、一九九七年）。以上を併せて参照のこと。

（22）日本における近代史学の成立については、宮地正人が「幕末・明治前期における歴史認識の構造」（日本近代思想大系『歴史認識』解説、岩波書店、一九九一年）で詳細に考察している。また、桂島宣弘は、「近代国史学の成立――「考証史学」を中心に――」（『江戸の思想』第八号、一九九八年、所収。のち『思想史の十九世紀』、ぺりかん社、一九九九年、再録）で、考証史学として成立する「アカデミズム史学」が輩出してきた「実証主義者の国史学者」の思想性を露にしている。

(23) 日本仏教史学研究の成立については、柏原祐泉『日本仏教史』近代（吉川弘文館、一九九〇年、九三〜九四頁）や同「近代仏教史学の成立とその課題」（『真宗史仏教史の研究』Ⅲ、平楽寺書店、二〇〇〇年）が参考になる。

(24) 「仏教史研究の必要を述べて発刊の由来となし併せて本誌の主義目的を表白す」（『仏教史林』第一号、一八九四年〈明治二十七〉四月八日、二〜三頁）。

(25) 酒井直樹「歴史という語りの政治的機能」（『死産する日本語・日本人――「日本」の歴史――地政的配置』、新曜社、一九九六年、一二七〜一二八頁）。

(26) 初出、「「史家」の蓮如伝――『仏教史林』所収「恵燈大師蓮如」について――」（光蓮寺仏教研究会編『蓮師教学研究』第七号、探求社、一九九七年）。

(27) ヘルマン・オームス「テクストと隠れた次元」（岩波講座『現代思想』九、一九九四年、二七二〜二七四頁）。なお、ブルデューの「場」の理論については、R・ハーカー、C・マハール、C・ウィルクス編『ブルデュー入門――理論のプラチック――』（昭和堂、一九九三年）が参考になる。

(28) ジョーン・W・スコット『ジェンダーと歴史学』「序論」（平凡社、一九九二年、一六〜二〇頁）。

(29) 同前、一八頁。

(30) 初出、「近代日本の仏教と女性――仏教婦人雑誌『家庭』にみる仏教的「家庭」と「女性」――」（光蓮寺仏教研究会編『蓮師教学研究』第八号、探求社、一九九八年）。

(31) 牟田和恵「『家庭』イデオロギーと女性」（『戦略としての家族――近代日本の国民国家形成と女性――』、新曜社、一九九六年、一八二頁）。

(32) 同前、一五五〜一五六頁。

(33) 安丸良夫『〈方法〉としての思想史』「はしがき」（校倉書房、一九九六年、二九〜三〇頁）。

(34) ヘイドン・ホワイトがこのような論客として代表的である。上村忠男の整理によれば、ホワイトは、その著書

『メタヒストリー』（一九七三年）において、歴史を記述した作品を「物語的散文的言述の形態をとった言語構造体」と受け止めた上で「歴史の詩学」の名のもとに、その構造体のメタヒストリカルな形式的分析を試みた。ホワイトによれば、歴史記述という行為はそれ自体本質的に詩的な行為であり、歴史家が自ら調査・研究した事柄を記述にもたらすに際しては、メタファー（隠喩）、メトノミー（換喩）、シネクドキー（提喩）、アイロニー（反語）の四種類からなる喩法のうちのどれかが用いられていて、それが前認知的に受容されたパラダイム〈解釈学的基底〉として記述の深層で規定的に作用している（「思想の言葉」〈『思想』八六六、「歴史の詩学」、一九九六年〉、『岩波哲学・思想事典』〈岩波書店、一九九八年〉の「ホワイト」の項を参照）。

(35)　キャロル・グラック「戦後史学のメタヒストリー」（前掲『日本通史』、二六〜二九頁）。なお、「言語論的転回」については、「事物や意味が所与として存在してそれに言語記号が付与されるのではなく、記号が先行して意味内容を構築するという認識論的パラダイムの転換」という上野千鶴子（『ナショナリズムとジェンダー』、青土社、一九九八年、一二頁註2）の簡潔に表現された理解を共有するものである。

(36)　大桑斉「歴史学の危機」（『歴史の広場』二、一九九九年、二頁）。

＊史料の引用に際しては、一部の旧字を現行漢字に改め、適宜、句読点・濁点を補い、原文の改行部分は「／」を入れて示した。

補論　久木幸男著『検証清沢満之批判』をめぐって

一　著者の意図

本書は、讃仰論から全面批判論まで、その論調に大きな振幅をもつ清沢満之研究の中で、文字通り汗牛充棟、加えて、とくにこれまで黙殺されてきたかに見える主に歴史家からの「清沢批判」に対して、教育学者である著者が痛烈に反論を試みた書であり、一連の批判論を知る者には、たいへん興味深い書である。著者の執筆意図は、「清沢批判における誤謬の累積」の主な原因が、自らを含めた清沢研究者たちが「清沢批判」に何ら反駁をしなかったことにあるとの「自己批判」にあるという(「あとがき」)。すなわち、「清沢批判」論の不充分な史料批判・解釈から導かれた清沢の「虚像」を「検証」し、「実像」に迫ろうというのである。とはいえ、著者が必ずしも中立の地点にいるわけではない。「世紀末の底知れぬ混迷と不安とが私たちを幾重にも取り巻いている中で、確かなもの、真実なるものを求める声が高まりつつある」今、「清沢の実像の鮮明化が、この声に応え」(「はしがき」)得ることを、著者は期待している。なお、全体の構成は次の通りである。「はしがき／第一章　清沢批判の過去と現在／第二章　初期における教育勅語問題／第三章　天皇制教育と清沢／第四章　社会問題と清沢／第五章　「清沢批判」から何を学ぶか／あとがき」。以下、各章の主な論点を辿りながら、若干の私見を述べたい。

二　本書の内容

第一章で、著者はまず伊香間祐學による整理(『「精神主義」を問い直す』、北陸聞法道場、一九九二年)を参考に、「清沢批判」論を伝統教学とのずれを論点に批判する旧批判と、天皇制への姿勢を論点とする新批判とに分類し、この際、新批判論者たちが、教育勅語批判をしながらなぜか同時に「渙発」という天皇への敬語を用いている点を鋭く指摘し、その矛盾を厳しく批判する。ここからも、著者の批判論者に対する容赦ない姿勢をうかがい知ることができよう。さらに同章で、著者は「清沢批判」

を「事実問題に関する批判」と「解釈問題にかかわる批判」とに分類し、後者を「水掛け論」になるとして「保留」し、問題を前者に「ほぼ限定」して「検証」するとしている。第二章以降の具体的「検証」では、清沢が「教育勅語支持講話」をしたか否か。神社参拝をいつ頃までしたか（以上、第二章）。清沢が天皇制・教育勅語を肯定したか否か（第三章）。清沢が社会問題について無関心であったか否か。部落差別思想・表現があるか否か（以上、第四章）などを主な論点としている。

批判論者の多くが、史料として主に『清沢満之全集』（法藏館）や『精神界』に依拠するのに対し、著者は同時代のほかの史料にも詳細な「検証」を加える。そして結論的に、清沢は「教育勅語支持講話」をしていないこと。一八九五年以降は神社参詣をしていないこと。天皇制には「警戒」し、教育勅語には批判的であったこと。また、社会問題では、たとえば足尾鉱毒事件に関しては、暁烏敏の「服従論」が問題視されるが、あくまで清沢自身の発言ではなく、むしろほかの史料（「万物一体」の趣旨（自然との共存）から敷衍すれば、暁烏とは異なる清沢の鉱毒事件観も推測できると言い、そして、清沢の部落差別思想・表現についても、史料的根拠は一切なく、ましてや『精神界』に掲載されたほかの執筆者の差別発言をそのまま清沢が是認したとは言えず、あくまで清沢自身とは別に考えるべきだという旨が主張される。

三　分析方法について

なるほど、「教育勅語支持講話」について、批判論者が藤岡勝二の回想談話を史料的根拠とするのに対して、著者が周辺史料などから、藤岡の記憶そのものの間違いを論証し、支持講話がなかったと結論する点などは、回想に頼る論証の曖昧さを突くものであり、興味を抱かされる。また、神社参詣について、一八九五年（明治二十八）から一九〇三年（明治三十六）の清沢の日記・書簡を詳細に検討した上で、「史料に基づいて論じようとする限り」は、その「事実」はないとすることも、説得的である。だが、率直に言って、各論証には素朴な疑問点も残るのである。たとえば、著者は、支持講話の機会を五回と仮定し、そのうち、一八九一年（明治二十四）一月八日の始業式での可能性を最も高いと仮定し、さらに同日の清沢の行動を手紙類から、出席さえしていなかったと推測している。だが、本当に支持講話の機会を、著者の仮説通り五日間に限定し、ほかに支持講話の機会がなかったと推定できるのだろうか。あるいは、清沢の当日の欠席を一通の手紙からのみで断定できるのだろうか。また、神社参詣についても、日記・書簡という史料類に記載がないとしても、しかし、本当に清沢は、一八九五年以降、一度も神社参詣をしなかった、と断定できるものだろうか。

こうした筆者の疑問は、著者の歴史的「事実」認識の仕方に関わっていると思われる。史料に載っているから「事実」だとする読みは、史料にはないから「事実」ではないと判断する素朴な実証主義と裏腹であるが、このような文書中心主義的な実証主義が、現在、歴史学という学知の土台を揺るがす重大な問題点として認識されていることは周知のことである。歴史的「事実」とは、著者も仄めかしているように、史料についての何らかの「解釈」作業抜きには成立し得ないものであろう。簡単な「事実」認定でさえ、史料解釈という作業手続きが媒介とならざるを得ないはずである。にもかかわらず、著者が「事実」と「解釈」とをあえて分断し、そして史料内容を記載の有無にこだわりながら「事実」認定を行うことについては、筆者は疑問を禁じ得ないのである。しかし、他方で著者は、清沢の論文「宗教的信念の必須条件」（『精神界』第二号、一九〇一年〈明治三十四〉十一月）中の「国に事ある時には銃を肩にして戦争に出かけるもよい」という一文をめぐり、「思想構造や文脈」に沿ってテクストを読むことで、清沢の「真意」を探ろうともしている（第三章）。この読解は、当然、「解釈」に基づく「事実」認定作業であると言えよう。

だが、さらに言えば、テクストを「思想構造や文脈」に沿って読むというこの方法についても、筆者は危うさを感じるのである。現に、この一文を著者と批判論者双方が「思想構造や文脈」に沿って読んだにもかかわらず、解釈の結果は異なり、前者は「信心の絶対性を述べた言葉」、後者は「教育勅語丸抱え」の論拠として読むことになっているのである。このような「水掛け論」が再生産される原因は、同じ解釈方法が双方に共有されていることにある、と言えば言い過ぎだろうか。

筆者としては、テクスト分析には、言説の視点が必要であると考えている。すなわち、あるテクストの唯一の「真意」を解釈的に固定するのではなく、テクストがいかに読者に読まれ、また波紋を投げ掛けたか、という視点の導入の必要性である。テクストの意味とは、その読者と無関係には成立し得ないはずだからである。清沢研究で言えば、このような視点をもつことで、清沢とその後継者中の恩寵主義者とをイデオロギー批判的に一刀両断する論や、逆に両者を分離することで清沢を救出しようとする論とについて、前者では「精神主義」のありようをより具体的に論ずることが、後者では偏った讃仰論を避けることが可能になるのではないか、と考えている。

おわりに

最終の第五章で著者は、「批判者たちの「労作」はまったく無益、研究到達点を逆戻りさせたという点では有害であったというほかはない」と記し、その語り口は、最後まで容赦がない。それでも著者は、批判者の論点から「学び」、さらに問題を提起せんとするのである。著者は、「近代性」を尺度に清沢の未到達を批判する「近代主義」的批判者に対して、脇本平也[1]が摘出した清沢の「近代性」を、今後の「近代性」をめぐる議論の「スタート・ライン」と評価し、これをどのように受け止めるのかと突きつけている。しかし、「近代」の価値の自明性が揺らいでいる今日、「思想」ないし「信仰」を「近代性」で計ることの視座の妥当性も含めて、このような「近代性」それ自体をめぐってする議論は、その有効性も含めて、検討を要する課題であろう。

さらに、もう一つ。著者は、赤松徹真が清沢研究の方法的自覚を促す批判論（「近代日本思想史における精神主義の位相」〈『仏教史学論集』、一九七七年〉）を受け止めた形で、今後、①問題意識の鮮明化、②研究視角の設定、③適切な方法の採用をする必要を述べる。筆者としては、この著者の提言を、いかなる立場・意図から、なぜほかでもなく清沢のテクストを取り上げ、天皇制や社会問題などとの絡みで解釈し、発言するのかといった清沢研究者自身にとっては自明すぎて、不問になりがちなメタレベルについての問い直しの必要を示唆するものである、と理解するものである。つまり、それは書かれた「歴史」を自明なものとして、その「歴史」から「学ぶ」方法を模索するなどという次元のことを意味するのではなく、研究者自身が、自らの叙述が孕んでいる政治性、たとえば、酒井直樹が指摘する「歴史という語りの政治的機能」（『死産される日本語・日本人』、新曜社、一九九六年）というような次元の問題に自覚的であらねばならない、ということではないかと、筆者は受け止めている。ほかにも、清沢の差別的女性観（第四章）など、著者が提示した問題点は、今後清沢研究者によって、さらに考察を深められなくてはならないだろう。いずれにせよ、本書が清沢研究の現段階の到達点を知るための必読書であることは、間違いない。

註

（1）　脇本平也は、清沢の近代性として次の四点、①自由な批判精神、②信仰における個人主義的傾向、③非神話性、④表現の新しさ（『評伝清沢満之』「終章　近代の仏教者」、法藏館、一九八二年、二一〇〜二一三頁）を摘出している。

第一章　「精神主義」の波紋
――親鸞と清沢満之を共に語る言説の成立――

はじめに――清沢満之についてのある言説をめぐって

清沢満之は、今日、たとえば次のように、代表的に我々読者の前に語られてある。無限大悲の如来を信ずるところに獲得せられる無碍の信境を、「我が信念」は厳しくも美しく、このように表白するのであった。

「無限大悲の如来は、如何にして私に此の平安を得しめたまふか。外ではない、一切の責任を引き受けて下さるることによりて、私を救済したまふことである。如何なる罪悪も、如来の前には毫も障りにはならぬことである。私は罪悪邪正の何たるを弁ずるの必要はない。何事でも、私は只だ自分の気の向ふ所、心の欲する所に順従《したが》うて之を行うて差支はない。其の行が過失であらうと、罪悪であらうと、少しも懸念することはいらない。如来は私の一切の行為に就いて、責任を負うて下さるゝことである。私は只だ此の如来を信ずるのみにて、常に平安に住することが出来る。如来の能力は無限である。如来の能力は無上である。如来の能力は一切の場合に遍満してある。如来の能力は十方に亙りて、自由自在無障無碍に活動し給ふ。私は此の如来の威神力に寄托して、大安楽と大平穏とを得ることである」。……

精神主義が最後に到達した、迷悶者の安慰を表白するこの言葉を聞く時、私には『歎異抄』に伝えられた親鸞聖人の感慨深い述懐が、直ぐに想い起こされて来る。

「聖人のつねのおほせには、弥陀の五劫思惟の願をよく〳〵案ずれば、ひとへに親鸞一人がためなりけり。さればそれほどの業をもちける身にてありけるを、たすけんとおぼしめしたちける本願のかたじけなさよ、と御述懐さふらひしことを、いままた案ずるに、善導の「自身はこれ現に善悪生死の凡夫、曠劫よりこのかた、つねにしづみつねに流転して、出離の縁あることなき身としれ」といふ金言に、すこしもたがはせおはしまさず。さればかたじけなく、わが御身にひきかけて、われらが身の罪悪のふかきほどをもしらず、如来の御恩のたかきことをもしらずしてまよへるを、おもひしらせんがためにてさふらひけり。」

宗祖のこの述懐と満之のあの告白とが、自ずと一つの和音となって響くのをわれわれは確かに聞き取ることができるであろう。そして乗託妙用の身の自覚において一切の責任から解放されて、万里蒼然たる如来慈光の春をみるという精神主義の宗教的自覚が、宿業の身に本願を仰いだ親鸞聖人の宗教的自覚と、全く等質であるのを確かに知ることができるであろう(1)。

今日、真宗教学を代表する『親鸞教学』者より、清沢満之の「精神主義の宗教的自覚」と、親鸞の「宗教的自覚」とが、「全く等質である」として語られている。清沢は、親鸞と同一的な存在として、いわば、尊敬すべき偉大な思想家としてすでにして読者の現前に語られてあるのだ。そして、このような言説に対して読者にできることといえば、賛同し頷くか、あるいは異を唱えて拒否するか、考え込むかである。しかしながら、親鸞と清沢の「思想」について、さほど明るくない読者にとっては、両者の「宗教的自覚」の特質を比較検討することは残念ながら不可能である。実は、その種の読者の一人である筆者は、したがって、頷くことも、異を唱えることもできないのであるが、筆者は、そうした自分に正直でありたいし、むしろ、そこから出発してみたい。

そこで、筆者は、一連の清沢満之・「精神主義」研究を、「なぜ、私にとって、満之なのか」という問いを発することから始めたい。ただし、この問いの意味するところは、決して、筆者の「内面」と清沢の信仰との出会いをめぐって云々するという類のものではない。この問いをめぐる考察は、より一般的な問題への取り組みを意味するのである。すなわち、今現在、親鸞や清沢の「思想」に詳しい者たちは、おそらくはじめからそうというわけではないだろう。彼らは両者との何らかの出会いを経ているはずである。そして、彼らの清沢との出会い方の一つとして、清沢の「思想」についてのテクストを読むことを通じてするあり方がある。この出会い方は、筆者にとって典型的であるが、テクストを読むという点では、より一般的な事柄であると思われる。

なぜ、満之なのか。この問いかけは、筆者に引きつけて言えば、幼少にその名を聞き、その思想的エートスの中に育った者が、はじめて日本思想史学の門をたたき、改めて親鸞と同一視されて語られてある清沢という思想家と、その「思想」に対峙することとなったことそれ自体を問題とすることを意味している。つまり、筆者が「なぜ、満之なのか」と問うことは、実は、清沢との出会い方それ自体に視座を設定し、清沢の「思想」についての言説を思想史の課題として捉えようとすることを意味している。

しかし、この問いへのアプローチは、たとえば「清沢満之の「精神主義」という思想が、それだけ多くの人の心を摑むほどの普遍的ですばらしいものだからだ」というように、清沢の思想的特質を内在的に理解することに努め、そこに出会いの意味を見出そうとすることを目的としているのではない。読者の眼前にすでにして偉人として存在する清沢満之という思想家が、いかにしてそうした存在となり得たのか、そのこと自体を歴史的に辿って考察することを意味するのだ。換言すれば、いつから清沢は、その「精神主義」という「思想」を親鸞の「思想」と比較され、その思想的特質について同一視され、我々読者の前に偉大な思想家として語られるようになったのか。このようなことを、歴史的に考えるということである。それは、清沢満之を歴史的存在として捉え、また同時に「精神主義」という信仰もまた歴史的に成立するものとして見なすことを意味している。

以上のような問題意識に基づき、本章では、清沢満之が、雑誌『精神界』創刊号に周囲に促されて「精神主義」という論考を執筆し、それを世に問うた同時代に焦点を合わせ、その「精神主義」について、あるいは、その社会への媒介役を果たした『精神界』が投げかけた波紋を、同時代の仏教界の雑誌の中で、最もそれを受け止めたと思われる『新仏教』を主に資料として調べることから、その波紋の有様を考察することに限定したい。すなわち、本章の趣旨は、「精神主義」の登場を「出来事」として捉え、それが同時代に投げかけた波紋に視座を据えながら、より具体的には、親鸞の「思想」と清沢満之の「精神主義」という「思想」を結びつけるような言説がいかに成立してくるのか、その始原について考察することにある。

一　『新仏教』にみる『精神界』と「精神主義」

真宗教学者曾我量深は、『無盡燈』一九〇二年（明治三十五）一月号（第七巻第一号）の「思潮」において、「明治三十五年の新天地を迎へて、過る一ケ年を回想す。吾等は寧ろ是比較的短日月の間に於て、偉大なる恩賜を仏陀に拝せるを感謝す」と述べ、一九〇一年（明治三十四）の「最大遺物」として、清沢満之の説く「精神主義」と、『新仏教』の編集者の一人境野黄洋の説く「常識主義」と、「精神主義」に「酷似」している高山樗牛の説く「美的生活主義」を挙げた。この論説から、『新仏教』『精神界』の登場はともに、一九〇一年（明治三十四）の思想界にあって文字通り、出来事であったことがうかがわれるのである。

さて、『精神界』は、半年とはいえ『新仏教』よりも遅れて、一九〇一年（明治三十四）一月十五日、創刊号の巻頭に清沢の論考「精神主義」を掲載し、誕生した。その『精神界』の真宗思想界における誕生にまつわる波紋の様相は、『新仏教』の『精神界』についての記事に、鮮明にうかがうことができる。一九〇一年（明治三十四）二月一日刊行の『新仏教』第二巻第二号の「新刊批評」の欄に『精神界』は、早速登場する。

精神界　第一号　東京北豊島郡巣鴨村一八八五、発行

噂の如く、先月十五日を以て発行せられたり。其の表装をはじめ、編輯上には凝つたものなりといふ適評なり。紙質も精良にて宗教雑誌界に頭角を抜んずる一大雑誌といふを得ん。主義は其の

名の如く精神主義なるべく、所謂清沢氏の内観主義を押し立つるものと見えたり。一部の読者に歓迎せられんことは期して待つべし。

ここには、『精神界』という雑誌への印象と、「精神主義」というその主義主張へのコメントが若干見られる。また、同じくこの第二巻第二号には、「ボルテール」の筆名で「『精神界』を読む」と題する次のような酷評が掲載されている。

『精神界』といふ名と、清沢先生の手に成るといふことを聞いた当時は、必定『政教時報』と『独立雑誌』とをこね合したやうなもので、菊版総振仮名附の雑誌へ、熱血とか至誠とかいふ文字を、こて〳〵列べたものだらうと思つて居たのだ。……／トコロが、出た所を見ると、丸で『無盡燈』へ『明星』の衣を着せたやうな体裁で……。／「精神主義を取るものにして自ら不足を感ずることあらんか、其充足は之を絶対無限者に求むべくして、之を相対有限の人と物とに求むべからざるなり」とある。学校行なんどは已めて、「帰命無量寿如来」でもやツてろテンだナ。……／「精神主義」一編、文もまづいが、理も立たない。つまり、先人の言ひ古るし、論じくさした主観主義に、変挺な名をつけたゞけのことだ。……出直されたらドヂヤロカ子。

『新仏教』の論説者が、基本的に問題としたのは、『精神界』という雑誌自体の体裁と、「精神主義」という主義主張内容の主に二点であった。前者の問題だが、「『新仏教』の一週年」[2]で、編集者の一人杉村縦横は『新仏教』の創刊時からの苦しいやり繰りの一年を振り返り、その表装について、

我徒は其表紙を美にして内部の用紙を粗にするが、……これを近時宗教雑誌中の美表紙たる「精神界」のと比較するに、……彼や美にして、此や醜、元より同日に論ずべからずと雖も、其

美は果して、斯ばかり異なる費額を投じて求むべきほどの価あるものなりや否や頗る疑はし。と、『精神界』をとくに取り上げ比較している。この際、『新仏教』の論者の論評内容の妥当性は問題ではない。「ボルテール」の酷評の執拗な内容といい、一言で言えば、『新仏教』の論説者たちは、『精神界』をライバルとして意識したような印象を受けるではないか。(3)『精神界』は、『新仏教』の編集者によって、その存在を意識される雑誌として、誕生したのである。以上のことを確認し、さらに、『新仏教』の『精神界』への酷評の背景にあると思われる両雑誌の主義主張の相違について、具体的には『新仏教』の「精神主義」批判を読むことで考察を進めたい。

さて、『新仏教』の清沢批判の最初は、その第二巻第一号に見られ、それは『新仏教』第一巻第六号（一九〇〇年〈明治三十三〉十二月）で清沢満之が「内観主義」を論じた翌月号であった。「内観主義」は、翌月「精神主義」の題で『精神界』創刊号に登場する論考の趣意とほぼ同一とみてよいと思われるが、批判は「内観主義」の次のような内容をめぐるものであった。

事物に善悪と云ふことあり、是れ客観的のことか、主観的のことか。内観主義よりして之を云へば、善悪は全く主観的のことなりとす。我心だに善良ならば、万事万物皆善良なるべし。我心善良ならざるがゆゑに、事物の中に不善なるものあり。……／之を要するに、内観主義は、一切の事変を主観的に処理せんとするものなり。吾人の心を無限絶対の地位にありて活動せしめんとするものなり。

急いで読めば、静的な信仰内容という印象を受けるこの清沢の「内観主義」の内容に対して、「闇外魔」のペンネームで次のようにコメントしている。

○清沢先生（ママ）の内観主義は病人宗ならんといふものあり。活動的にあらずして退守的なり、冒険流に反対したるアキラメ流なり、一箇人の安心としては必ずしも不可ならん。然し人を誤ること多からん。／○希臘古代（ママ）の詭弁学者は内観主義なりき。彼は毫も客観的真理を認めざりしなり。吾等は明治の今日に詭弁学者の再興を願ふこと能はず。内観主義の極論は或はこゝに堕落すべし。[4]

ここには、論調は激烈ではないものの、のちに顕著に表れる『新仏教』の「精神主義」批判の基本的な論旨がすでに表れている。すなわち、「病人宗」とか「アキラメ流」であるとかレッテルを貼り批判することや、それから、内観主義を過去の思想であるとして、退けようとするものである。先に引用した「ボルテール」の「「精神主義」一編、文もまづいが、理も立たない。つまり、先人の言ひ古るし、論じくさした主観主義に、変挺な名をつけたゞけのことだ」という評にもそれはうかがえる。

たとえば、その典型的な「精神主義」批判に境野黄洋の「羸弱思想の流行[5]」がある。そこで彼は「精神主義」を、「羸弱思想」「病人宗教」と言い、「而してかゝる羸弱思想の傾向は常に二方面に於て発起す。……一は沈鬱なり。沈鬱は「引込み思案」にして、此の安心の上に成立せる宗教は「アキラメ主義」となる。人生活動の本旨を失ふ。……言ふべくんば精神主義（一名内観主義）の類」と論難し、同じくその「附言」においては、「宗教に対する感情的直覚的解釈を取るものは、旧仏教（寧ろ多数の宗教者）一般の大勢なれ共、今特に精神主義を以て対手としたるものは、精神主義の新らしき形を取り、しかも根本的には却て古き解釈を取るものなることを見、感情派に対する余が意見を明にするの便宜に供したるものなり」と述べ、「精神主義」の立場を「旧仏教」としてレッテルを貼ったのである。

「精神主義」は、『新仏教』の論者によって、非難を浴びたのである。『新仏教』はその「綱領」[6]に、「我徒は、仏教の健全なる信仰を根本義とす」「我徒は、健全なる信仰、智識、及道義を振作普及して、社会の根本的改善を力む」などと掲げており、「健全なる信仰の建設鼓吹と共に、一面にありては、一切病的迷信の勦絶を期すること、是れ固より我徒の本領なり。されば独り進みて俗間の妖教、世を惑すの徒を絶滅せんとするのみならず、特に旧仏教徒の有する妄信迷溺の掃蕩の如きは、我徒希くは職として其の任に当らんかな[7]」という責任意識をもっていたから、「精神主義」は「綱領」に反するものとして認識されたのであろう。したがって、『新仏教』諸氏の立場からすれば、「精神主義」への以上のような評価はむしろ当然かもしれない。

久木幸男によれば、一部の雑誌は、創刊時の『精神界』を好意的に論じていたわけだが[8]、どちらかと言えば、「精神主義」が世に問われた当時は、それに対しての批判的な評価の方が目立つようである。とりわけ、『精神界』第一巻第一二号で暁烏敏の書いた「精神主義と性情」をめぐる一連の「精神主義」批判の論争応酬は、多田鼎が清沢満之没後、「追懐録[9]」で当時の様子と清沢の意向について「精神主義に対する批評、三十四年の末より翌年の春にかけて喧かりき。その二月廿四日、上野精養軒に開かれたる仏教徒懇話会に出で、、先生、演説のす、めを受けられたる時、起ちて申されけるは、精神主義に対して、色々の評判これ有れど、それに対して実は一言も申さず、そは此主義は全く自己無能の表白なれば也」と回想しているように、『精神界』側も、明らかに、非難を受けているという自覚があったようである。「精神主義」という仏教信仰を説く新たな言説の登場が、とくに仏教界において波紋を投げかけるような「出来事」であったことがうかがえよう。

二　『精神界』の対応

①啓蒙的対応

『精神界』の論者たちはこのような「精神主義」批判にどう対応したのだろうか。初期の「精神主義」批判は、暁烏敏が『精神界』一九〇一年（明治三十四）第一巻第二号に「精神主義と性情」という論説を載せた前後で、一応区切ることができると思うので、便宜的に時期を分けて『精神界』の対応を検討したい。

たとえば、批判は、「精神主義と性情」中の次のような内容についてなされるのである。

> 偸盗を好む者あり、偸盗を嫌ふ者あり。……而して吾人の精神主義は……偸盗を好む者に偸盗を為すべからずと命ずるにあらず、偸盗を嫌ふ者に偸盗せよと迫るにあらず。……／吾人を救済し給ふ絶待《（対）》無限、衿哀大悲の光明は、殺生する者に殺生を止めざれば救はずと宣はず、……偸盗する者は偸盗の儘、……我を頼め極楽に迎へむとはこれ吾人が救主の大悲招換の勅命にあらずや。[10]

先に引用した境野黄洋の厳しい「精神主義」批判論である「羸弱思想の流行」や、花田衆甫の「排精神主義」[11]をはじめ、「精神主義と性情」以後の批判は、その「精神主義と性情」をめぐる一連の応酬という形であって、主に「精神主義」の倫理の欠如性をめぐる問題が中心となった。一方、それ以前は比較的「揚足とりに近い」[12]もので、「精神主義」の思想的特徴に関わる批判もあったが、『精神界』の装丁などへの中傷的な批判が主であったというような違いがある。

それから、注目すべきは、応答の語り方の特徴である。「はじめに」で述べたように、親鸞がいかにして言説上に登場するのか。これについては、次節でみることにする。

では、具体的に『精神界』側の応答内容を見ていくことにする。「精神主義と性情」以前の批判に対する『精神界』からの応答としての代表的な論説に、楠龍造の「予が観たる精神主義」がある。


或は曰く、「精神主義」は消極的なり、或は曰く病的なり、或は曰く「あきらめ」主義なり。これ評する者の言。……先の評者の言、蓋し「精神主義」の短所を穿て明白にせるものにあらざるなからんやと、頃者吾人また浩々洞の人となれり、精神主義に就て少く得る所あり、乞ふ其所感を述べしめよ。……／「精神主義」は社会的活動に反対するものにあらず。人或は「精神主義」を評して曰く消極无為の主義には、社会的活動の如きは棄てて顧みる所なしと云ふ。されど「精神主義」は決して一方に偏じたる主義にあらず。[13]

これは、楠が、先に引用した「精神主義」批判に答える形で、いわば、誤解を解こうとするような、より「精神主義」を正しく理解してもらいたいという意図を含む語り方であり応答であると言ってよいだろう。このような応答は、以下のような、清沢満之の論説、たとえば、「科学と宗教」[14]では、「精神主義は、人世の最大事実なる宗教的信仰の上に於て、最も須要なる実行主義たるもの」、「精神主義と物質文明」[15]では、「世に一種の主義あり。……精神主義は、物質的文明を対して、……消極主義を宣揚するものにあらざるなり」と「精神主義」について、より説明を加えながら、いわば啓蒙的な対応形式で答えている印象のあるそういう語り方である。

「精神主義と性情」以後における『精神界』の応答にも、啓蒙的な形態をとるものがある。たとえば、清沢は「客観主義の弊習を脱却すべし」で、

我等は精神主義を唱へて、常に内観の必要を説き、是非善悪抔と云ふことは全く我等の精神によりて分別せらるるものであるから、タトへ他人は何と云ふとも、自分には自分の認定する所がある、と云ふことを充分に了知すべきであると感ずることである。然るに、我等は屢客観主義の習慣等に動かされて此ことを忘却し、為に甚だしき苦悶に陥るのみならず、時によりては、殆んど一生を誤るが如き場合に立ち至ることである。(16)

と、善悪の倫理に関わる問題について触れている。また、楠龍造は「精神主義に対する批評を読む」において、境野黄洋の「羸弱思想の流行」、花田衆甫の「排精神主義」などの批判内容を一々取り上げて反論している。たとえば、前者については、「足下は未だ精神主義の真意義を了解せずして、曲撃横難、却て自己の主義の浅薄皮相なるを暴露せるを惜む。……「宗教は羸弱宗たるべからず、また愚人宗たるべからず」と云ひ、以て精神主義は病人宗教にして、新仏教は常人宗教なることを主張せり。是れ精神主義の慈母たるを知らざるの論議なり(17)」という具合である。

こうした、いわば啓蒙的な形態での応答については、これまでの「精神主義」についての研究でも触れられているので、これ以上深入りはしない。(18)・(補参照)

②親鸞とともに語る言説

本章の趣意からして、重要なのは、実は、浩々洞同人の多田鼎による、以下のような形態の応答に

ついてである。

真実の信念は、人々各異るや否や。斯文は、明白に此問題を解釈したまふ。故聖人の、御ものがたりに、法然聖人の御とき、御弟子そのかずおはしけるなかに、おなじ御信心のひともすくなくおはしけるにこそ、親鸞、御同朋の御なかにして、御相論のことさふらひけり。

法然聖人の門下、学匠林の如し。皆各自の見地をたよりとし、独特の弁識を擅まにして、大道をあげつらひ、信念を究められき。信念に関して、異る見解を下すに至れるは、自然の理なり。

是れ単に七百年前の事にあらず。直に是れ明治三拾四年の教界の真象を写し出せる映画なり。(19)

と、『歎異抄』後序の文章を引用し、法然の時代と一九〇一年（明治三十四）の現在との状況を同一視し、

我等は、凡小相対の弁識によりて作成せられたる信念に任せむことを願はず。此絶対無碍の仏智所発の信念に安住するを以て足れりとす。

但し親鸞聖人は、其御同朋の賛同を得たまはざりき。我今いふ所亦必ずや教界多数の所見に反せむ。されどわれ之を嘆かず。単に法然親鸞の両聖を我所信の先導とするを以て、自から宏大の栄誉とするものなり。(20)

と、親鸞のおかれた立場に「精神主義」論者自らの立場を重ね合わせて、いわば弁護をするのである。自らの立場の正当化に親鸞の言辞が引合に出され語られるのである。この多田の論説は、「精神主義」

が世に問われて、二カ月後という間もない時期に書かれたものであり、親鸞をともに語る言説は『精神界』においては管見の限りでは初出である。

実は、「精神主義と性情」の発表後の非難の中で、清沢は「倫理以上の安慰」で、同類の応答をしている。清沢は言う。

世間の人が、多く苦悶に沈んで、自ら死を求むる様になるのは、……倫理以上に立脚地を定めて、如来不可思議の威神力を知らぬからである。……／窃盗をなしたる人は、何か気にかゝりて、如何ほど平気を粧ふても、常に心苦いものである、我々が如来の仕事を盗み来りて、これも自己の責任、あれも気がすまぬ、あの一事は生涯の過ちであったと思ふから、常に苦悶がやまぬのである、そこで大安心の境に至るには、断じて如来の仕事を盗むことを止めねばならぬ、一切を如来に任かせ奉りて、其導き玉ふまゝに従はねばならぬ、かくなりた所で、始めて倫理以上の大安心の基礎が立つのである、「心を弘誓の仏地に樹て、情を難思の法海に流す」と、自己の信念を表白せられた親鸞聖人の御口から、「親鸞に於ては、善悪の二つ総じて以て存知せざるなり」と仰せられたは、決して偶然ではありませぬ、全く自我をすて、一心を挙げて如来海中に投じた上は、凡ての事が皆如来威神力の所為となるから、是非善悪の区別は更に無く、唯威神力の活動を見るばかりである。(21)

清沢は、『教行信証』化身土巻において、法然の『選択本願念仏集』の内容を讃え、そして述べた親鸞の「心を弘誓の仏地に樹て、情を難思の法海に流す」という言辞と、『歎異抄』後序の、親鸞が善悪について言及している箇所を引用し、倫理以上の立脚地を定めるべきだとする論拠とするのである。清沢が親鸞の言辞を『教行信証』などから引用し、自説の論拠にするということは珍しいことである。しかも、「精神主義に対して、色々の評判これ有れど、それに対して実は一言も申さず、そは此主義は全く自己無能の表白なれば也」[22]という態度であった清沢にしては、珍しい応答であったのである。『新仏教』の「精神主義」批判への応答としてなしたわけである。先に引用した多田鼎の論説も「精神主義」批判への応答の中でなされたものである。こうした応答は、明らかに、先ほど見た「精神主義」の内容を説明することで、つまり啓蒙的に理解させようとする語り方とは違い、自らの正統性を親鸞の言辞にその論拠を求める語り方と言ってよいだろう。そして、この独特の言説は、「精神主義」の正統性を論じる際になされた語りなのである。

また、先ほど引用した清沢の「倫理以上の安慰」には、実は、彼の親鸞理解の特徴がたいへんよく表れている。そこには、明治という時代の中で、「迷倒苦悶の娑婆」を生きながら生涯をかけて救済の道を求めた清沢が、親鸞といかに向き合ったのかがわかるのである。具体的には、彼は、親鸞の「心を弘誓の仏地に樹て、情を難思の法海に流す」という言辞を、「自己の信念を表白せられた」と信受し、さらに『歎異抄』の「親鸞に於ては、善悪の二つ総じて以て存知せさるなり」という言辞を、「全く自我をすて、一心を挙げて如来海中に投じた」のだと受け止めている点である。

「自我」とは、デカルトによってはじめて打ち立てられた近代哲学の根幹をなす概念であり、また、清沢が「修養の方法いかん。曰く、須らく自己を省察すべし。自己を省察して、天道を知見すべし」[23]と述べたことは、西洋の観念論哲学を学んだ彼であってみれば、当然であったであろう。清沢は、デカルトについて、「世人は有我論を以て常範とするが如し。（デカルト氏は我思故我在と云へり。）是れ迷倒なり。……仏教の初門と云はるる倶舎の所論は、諸法無我の開顕にあり[24]」と、その有我論的立場を「迷倒」として批判している。清沢にとっては、まさに「自我」や「自己」が課題であったのであり、親鸞もまた、等しくそれを自らの課題としていたとして見出されるのである。すなわち親鸞は、「自己の信念を表白」し、また「全く自我をすて」たとして、清沢によって、その内面が追体験され、説明されていくのである。つまり、清沢は自らの課題を、このような解釈を通じて親鸞の任った課題と重ねて認識したのであり、それゆえに親鸞がする信念についての言動を、そのまま自らの課題への応答として認識したのである。まさに清沢がするこのような出会い方を回路として、親鸞は、近代日本へと再生していくのである。

おわりに

以上のように、『精神界』が世に「精神主義」を問うたとき、仏教界からの批判が沸き起こり、とりわけ、『新仏教』からの批判は、中傷的なものに始まり、「精神主義」の思想内容まで関わったものまであったのである。そのような波紋の中で、『精神界』は、自らの立場をより鮮明にしていく必要に迫られたと言うべきだろう。

そうした中で、一つの言説が出現する。それは、親鸞の言辞に依拠したり、あるいは、態度を重ね合わせて、自己の立場の正統性を主張する言説である。筆者は、「はじめに」で、親鸞の宗教的自覚と清沢のそれとを同一視する言説の存在に触れておいた。この場合、多田鼎のような言説とそれに共通する特徴は、言説の中で「精神主義」という「思想」の論拠として、親鸞が一つの切り札的存在としてあるということである。事実、多田なり、清沢の親鸞を介しての言説においては、とりわけそれらが「精神主義」批判に応える形で成立したように、まさに親鸞の言辞は批判を介しての、いわば真実表顕とその論拠として登場させられたのである。つまり、このような特徴を伴った言説は、「精神主義」批判への、真実表顕の意味をもたされた自らの正統性を語る対抗言説として成立したものなのである。(25)

註

(1) 寺川俊昭『清沢満之論』(文栄堂書店、一九七三年、二二七〜二三〇頁)。
(2)『新仏教』(第二巻第七号、一九〇一年〈明治三十四〉六月、第二巻分全綴冊子、二七五〜二七九頁)。
(3)『新仏教』論者の『精神界』へのこうした意識のあり方については、すでに、吉田久一が、「新仏教運動と二十世紀初頭社会の諸問題」(『日本近代仏教史研究』第五章、吉川弘文館、一九五九年)で指摘している。
(4)「恩怨一如」(『新仏教』第二巻第一号、一九〇一年〈明治三十四〉一月、四八頁)。
(5)『新仏教』(第三巻第二号、一九〇二年〈明治三十五〉二月、第三巻分全綴冊子、六四〜七〇頁)。
(6)『新仏教』(第一巻第一号、一九〇〇年〈明治三十三〉七月、巻頭)。
(7)「我徒の宣言」(『新仏教』第一巻第一号、一九〇〇年〈明治三十三〉七月、第一巻分全綴冊子、三頁)。
(8) 久木幸男「『精神界』の社会的位相」(『精神界復刻版解説』、法藏館、一九八六年、一三一〜一三四頁)。創刊直前(一九〇一年〈明治三十四〉一月)に、『中央公論』は「清沢満之氏、精神界と云ふ雑誌を発行せんとす。我々の最も歓迎するところ、希くは健全の発達をなせ」と評した。また、久木は、『精神界』が、一九一八年(大正七)三月に刊行された『教育年鑑年版』が、「主要なる雑誌」六十種をリストアップしており、その中に、他の宗教雑誌三誌(他はすべてキリスト教系)とともに数えられていることを紹介している。久木は、その評価の客観についても、疑念をはさむ余地なしとしており、当時刊行されていた雑誌が、一九一七年末で一三三一誌、一九一八年末で一四四二誌に及ぶ中での、「主要なる雑誌」という世評に、『精神界』の大正期当時の位置を評価している。

(9)『精神界』(第五巻第六号、一九〇五年〈明治三十八〉六月、四六頁)。
(10)『精神界』(第一巻第一二号、一九〇一年〈明治三十四〉十二月、二～三頁)。
(11)『新仏教』(第三巻第二号、一九〇二年〈明治三十五〉二月、第三巻分全綴冊子、七五～七八頁)。
(12)久木註(8)前掲論文、一三五頁。
(13)『精神界』(第一巻第一〇号、一九〇一年〈明治三十四〉十月、一九～二〇頁)。
(14)『精神界』(第一巻第四号、一九〇一年〈明治三十四〉四月、二一～五頁)。
(15)『精神界』(第一巻第五号、一九〇一年〈明治三十四〉五月、二頁)。
(16)『精神界』(第二巻第二号、一九〇二年〈明治三十五〉二月、二三頁)。
(17)『精神界』(第二巻第三号、一九〇二年〈明治三十五〉三月、一二頁)。
(18)「精神主義」への『新仏教』論者による批判、さらにその批判への『精神界』論者の応答についての分析、評価は、これまでの研究史の中にも多くうかがうことができる。これまでの研究では、両者の主義主張の内容の相違を比較検討する方法が主に採用されてきた。たとえば、西村見暁「朧扇(下)」(『清沢満之先生』第五章、法藏館、一九五一年)、吉田久一「精神主義運動の社会的意義」(『日本近代仏教史研究』第四章、吉川弘文館、一九五九年)、池田英俊「近代信仰の形成と新仏教運動」(『明治の新仏教運動』第六章、吉川弘文館、一九七六年)、柏原祐泉「精神界をめぐる人々――その世俗的対応の思考形態――」(『精神界復刻版解説』、法藏館、一九八六年)などがある。
(19)多田鼎「『歎異抄』の一節」(『精神界』第一巻第三号、一九〇一年〈明治三十四〉三月、二一頁)。
(20)同前、二五頁。
(21)『精神界』(第二巻第九号、一九〇二年〈明治三十五〉九月、二〇頁)。
(22)多田鼎「追懐録」(『精神界』第五巻第六号、一九〇五年〈明治三十八〉六月、四六頁)。

(23)『臘扇記』(明治三十二年二月二十五日、『清沢満之全集』第七巻、法藏館、一九五五年、四六〇頁)。
(24)「転迷開悟録」(明治三十二年十月五日、『清沢満之全集』第七巻、法藏館、一九五五年、七九頁)。
(25)清沢満之の絶筆「我信念」(『精神界』第三巻第六号、一九〇三年〈明治三十六〉六月)に親鸞と等質の宗教的自覚性を見出す解釈とは、直接的に「精神主義」批判を意識したものでは、必ずしもないかもしれない。清沢が没して数年後、『精神界』の論説中に、文字通り、親鸞と清沢を同一視する言説が登場するのだが、その際、必ずといってもよいほど、「我信念」が引用されており、その意味では、こうした、「我信念」を論拠とした言説の直接の始原は、清沢満之没後に求められよう。ただ、本章では、多田のような「精神主義」批判への反批判の論拠として親鸞の言辞を登場させる言説、あるいは、自らの立場を明確にせんがために親鸞の言辞を登場させるという清沢の言説、という具合に、「精神主義」批判に対して、自らの正統性を語る対抗言説には、親鸞の言辞が一定の意味をもたされて登場するという典型が見受けられるのであり、本章ではとくにその点に着目した次第である。

補　清沢満之と国家と社会

清沢は、当時の国家・社会へのいかなるスタンスから「精神主義」を提唱したのか、私見を述べておきたい。「精神主義」は、上述のように「アキラメ主義」などとその内省的な信仰の特徴ゆえに、「仏教清徒同志会」の境野黄洋らに『新仏教』上で批判されたが、そうした「精神主義」の対社会性という問題に答える形で、彼は「生活問題」と題して、『精神界』に次のように論じている。

国家問題と云ひ、社会問題と云ふ、其要義は何れにあるやと問はゞ、蓋し生活問題と云ふ外なきが如し。……而して、精神主義は、此問題に対して、如何の態度に出でんとするか。……/抑今の所謂国家問題、社会問題なるものは、生活問題の真意義に於て誤る所なきか。生あれば滅あり。活あれば死なきを得ず。生と滅と、死と活とは、是れ両々相具して相離れざるものなり。……今の所謂国家問題、社会問題なるもの、果して常に生の滅と相具し死の活と相離れざることを忘れざるや（「生活問題」〈『精神界』第二巻第七号、一九〇二年（明治三十五）七月、二頁〉）。

清沢は、「精神主義」の立場から、「国家」「社会」問題に対する態度を述べる。つまり、それらを「生活問題」として捉えなおし、さらに、それを「生きる」と「死ぬ」との「生死問題」として捉えなおすべきである、としている。その上で、

彼の国家問題、社会問題を以て難解とするは、此生死問題を混乱するが為にあらずや。即ち生くべきものと死すべきものとの分界を弁知せずして、強て死すべきものをも活かさんとするの困難が、正に是れ国家問題社会問題の難点たるにあらずや。……／生死の因縁を尽す能はず、而して死を排して生を求む。乃ち、衛生を論じ、摂生を議し、衣服飲食、以て死すべきものを活かし得べしとなす。……然れども、如何に生命を助長し得るとするも、生死問題の根本的解決に対しては、豪も効力なきものたるなり。而して、生死問題の根本的解決なき以上は、所謂国家問題社会問題に対して、決して効力ある能はざるべきなり。故に知るべし、衛生論や、摂生論や、衣服論や、飲食論やは、決して国家問題社会問題を解決する所以にあらざることを。……国家問題、社会問題の真解決は、心機の転開を要とする精神主義によらざるべからざるなり（「生活問題」〈『精神界』第二巻第七号、一九〇二年（明治三十五）七月、三～四頁〉）。

と、死の問題を棚上げにして「生活問題」を解決しようとする態度を批判し、そうした態度は「根本的迷倒」であるとする。したがって、まずこの「根本的迷倒」に対して「覚悟する所」がないといけないと言い、「精神主義」こそが、その「覚悟」を伴う「生活問題」の解決には不可欠であるという。そして、その「覚悟」とは、「精神主義」に基づき主観的になされるのであるから、このような「精神主義」の「覚悟」による解決法を、「心外の客観界に其の材料を得んとする」ような「客観的解決法」に対して、「主観的解決法」

であるとしている。

このような立場は、明治という近代国民国家形成期に現れる「衛生論」などを退けながら立つ、「主観的解決法」による国家・社会問題へのスタンスの一つであると言っていいだろう。西川長夫は、国民国家における「国民化」について、具体的に「空間」「時間」「習俗」「身体」それぞれの「国民化」を説明している。とくに「空間の国民化」では、「国境に区切られた国民国家の空間は、……文明が支配する社会ゆえに、明るく清潔で秩序づけられた空間でなければならない。そしてそのような空間を成立させ維持するためには、異質なもの不潔なもの、暗く非合理なもの、秩序を乱すもの、などが強力な国家装置によって排除される必要」があったと述べる（「日本型国民国家の形成」〈西川長夫・松宮秀治編『幕末・明治期の国民国家形成と文化変容』、新曜社、一九九五年、三〇～三三頁〉）。このような文脈からすれば、清沢の衛生論等への批判は、「国家」の近代化・文明化への敏感な反応とも見なせよう。すなわち、「精神主義」とは、諸制度を伴いながら「国民」が創出される中、そうした国家的なあり方とは、相容れない生き方を唱える立場であったと言えよう。

＊史料の引用に際しては、一部の旧字を現行漢字に改めた。また適宜、句読点・濁点を補い、改行箇所には「／」を入れて示した。

＊『精神界』からの引用はすべて復刻版『精神界』（法藏館）を参照した。

第二章　福沢諭吉の「宗教」認識の波紋

はじめに

福沢諭吉（一八三四〜一九〇一）の「宗教」論説は、従来どのように論じられてきただろうか。たとえば、国家神道の成立・展開過程において、神道非宗教論を受容し、「真俗二諦」真宗を支援する福沢の「宗教」論が「天皇制神学」の普及を助けたと断じられたり[1]、福沢の「宗教」論の特徴である愚民への宗教利用論に着目し、初期啓蒙からの「凋落」と評価されたり[2]、あるいは、無信仰の標榜にもかかわらず、晩年には仏教的信仰の境地に達していたと評価されてきた[3]。また最近では、八木清治が、福沢の「宗教」論自体の「転回」に着目し、宗教と政治との関係づけの変化を緻密に論じながら、福沢の明治憲法下における信教自由論の限界を論じ、かつ「宗教」論説において、政教分離論が僧俗分離論へと内実を変化する様を跡付けている[4]。

このように、福沢諭吉の「宗教」論説の多くは、極言すれば、福沢の「思想」の特徴を論じるための素材として扱われてきたと言っていいだろう。そのような福沢の「思想」と「宗教」論説との関係をめぐる考察は、先学による蓄積があり、また一定の見解もあり、新たに付け加える余地などなさそうである。

本章は、そうした研究の蓄積に多くの示唆を受けながら、福沢諭吉の「宗教」論説を分析の対象とするのであるが、ただその際、関心の中心は、福沢諭吉その人や「思想」それ自体ではない。筆者が注目するのは、彼の「宗教」論説から浮かび上がってくる近代の「宗教」をめぐる認識についてである。つまり、近代の宗教思想史において、福沢によって認識される「宗教」が、いかなる意味をもつのかということに筆者の関心はある。(5) したがって、ここで福沢の「宗教」論説を論ずるのは、彼の「思想」の再構成ではなく、宗教思想史、とくに近代仏教思想史における彼の「宗教」観の位置を確かめることを意図して、である。このような試みは、福沢諭吉という思想家の「思想」の再構成という関心にはこだわらない点で、福沢の「宗教」論説を扱った従来の研究とは関心の趣きを違えるであろう。その際、論点および視点としては、次の諸点を考えている。

福沢が、『文明論之概略』において、彼の文明論という、いわば近代国民国家の創出の言説の中で「宗教」を語るとき、その「宗教」認識のなされ方は、近代日本の代表的な「宗教」像の表象とみなされよう。ここでは、福沢の「宗教」観をそのような近代日本の有力な「宗教」観とみなし、その特徴に注目したい。そこで、まず、最初期の著作『西洋事情』に、福沢の基本的な「宗教」認識のあり方を確認し、その上で、彼の文明論において語られる「宗教」認識をみてみたい。その際、仏教の役割が重視されてくるのであるが、その文明論における仏教の位置についてもみていきたい。

第二に、福沢の、いわゆる宗教利用論の確認をしながら、さらに文明論とともに語られるその利用論の論理を探りたい。その際、とりわけ福沢の愚民観を読み取ることが容易であるが、その彼の愚民観に基づく「宗教」観の宗教・仏教思想史上の問題をさらに考えてみたい。具体的には、稲垣湛空（一八三八〜一八九〇）、井上円了（一八五八〜一九一九）、清沢満之（一八六三〜一九〇三）といった仏教者たちの論説に、福沢的「宗教」観への反応を読み取ってみたい。

一　『西洋事情』にみる「宗教」

「宗教」という言葉が、明確に〝religion〟の翻訳語として使われたのは、一八六八年（明治元）の浦上キリシタン問題に関するアメリカ行使文書の翻訳からとされる。(6) この「宗教」という翻訳語を、福沢諭吉の著書についてみると、最初期の著書『西洋事情』初編「巻之二」（一八六六年〈慶応二〉十二月刊）では、「信教」「宗門」などという訳語がみられるが、「宗教」は見出せない。彼がはじめて「宗教」という語を用いたのは、一八七四年（明治七）十一月に書いた『学問のすゝめの評』中の「宗教と政治とは全く別の物なり」(7) という一文で、しかし、恒常的な使用は『文明論之概略』（一八七五年〈明治八〉刊。以下、『概略』と略す）からであり、福沢の著作においては一八七四、五年（明治七、八）頃よりその使用が定着したとみなしてよいだろう。(8)

福沢における「宗教」という翻訳語について考えれば、以上のように押さえることができよう。では、彼にとって「宗教」とはどのような事象として認識されていたのだろうか。この点について、従来はもっぱら『概略』中の「宗教」観が参考にされてきたわけだが、ここではまず『西洋事情』から、彼の「宗教」認識を確認したい。

福沢が一八六二年（文久二）の洋行から帰国した後、「英亜開版の歴史地理誌数本を閲し、中に就て西洋列国の条を抄訳し[9]」たという『西洋事情』初編は、一八九七年（明治三十）に回想されたその「緒言」によれば、偽版も含めると二十万から二十五万部は発売され、福沢の著書中「最も広く世に行はれ最も能く人の目に触れたる書[10]」だったという。また、「緒言」には、「西洋事情は恰も無鳥里の蝙蝠、無学社会の指南にして、維新政府の新政令も或は此小冊子より生じたるものある可し[11]」という福沢の同書に対する自負がうかがえる言辞もみられる。

『西洋事情』初編の総論的内容をもつ「備考」中の「政治」の項目において福沢は、「欧羅巴政学家の説に、凡そ文明の政治と称するものには六ケ条の要訣ありと云へり」とし、「欧羅巴政学家の説」を紹介している。そして、その「文明の政治」の「要訣」として、「自主任意」、「技術文学を励まして新発明の路を開くこと」、学校教育などのほかに、「第二条」として「信教」を挙げ、それは「人々の帰依する宗旨を奉じて政府より其妨をなさゞるを云ふ」と、いわば信教の自由という原則を紹介している[12]。続けて福沢は、「古来宗旨の争論よりして人心を動揺し国を滅し人命を害するの例尠からず[13]」と、具体的に英国での「天主教」と「プロテスタント」をめぐる「宗旨の争論」を紹介し、英国では「法を改め、宗門は人々の意に任すべしと定めた」が、「固より「プロテスタント」を奉じしめんとする」政府が「大に其寺院を建立し」「他宗の教師を擯斥し」たことが「人心に戻」るとした。これは、政教分離についての言及として見なし得よう。

ところで、仏教における信教の自由論者として著名な真宗僧島地黙雷（一八三八〜一九一一）が、洋行先からの「三条教則批判建白書」において、「政教ノ異ナル、固ヨリ混淆スベカラズ。政ハ人事也、形ヲ制スルノミ。而シテ邦域ヲ局レル也。教ハ神為ナリ、心ヲ制ス。而万国ニ通ズル也[14]」と両者の次元の違いを指摘しながら政教分離論を主張したのは、一八七二年（明治五）十二月であった。また、森有礼が「Religious Freedom in Japan[15]」を英文で記したのが一八七二年（明治五）十二月であるから、一八六六年（慶応二）刊行のこの『西洋事情』初編「巻之二」における信教の自由についての言及は、その最初期のものと考えられよう。そして、重要なのは、「宗教」という翻訳語が福沢によって使われているか否かではない。「宗門」「信教」という語であれ、数年後には「宗教」として恒常的に表現されるような宗教的事象についての認識が、「文明の政治」の「要決」の一つとしてなされている点が重要なのである。

繰り返せば、信教の自由・政教分離という宗教的領域に関わる原則が、「文明の政治」の「要訣」として、福沢によって認識されていたのである。すなわち、福沢にとっての「信教」（＝「宗教」）とは、「文明の政治」、いわば「文明」の「要訣」として、なおかつ政教分離・信教の自由という原則とともに認識される事象であったのである。このような「宗教」認識は、たとえ「欧羅巴政学家の説」の紹介であったとしても、近代日本における、まさに新しい「宗教」の認識のされ方であったと言えよう。

二　福沢の「宗教」観――『文明論之概略』の論理と仏教

さて、『西洋事情』初編「巻之二」には、福沢によって「文明の政治」の「要訣」として、信教の自由という原則を伴いながら認識された「信教」（＝「宗教」）観を確認できた。本節では、さらに、『概略』について取り上げ、福沢の体系的な文明論に位置付けられた「宗教」についての認識をみてみたい。[16]

「文明」について福沢は、「文明とは結局、人の智徳の進歩と云て可なり」[17]と端的に述べている。智とは智恵、徳とは徳義（＝「心の行儀」）を指すが、仏教、耶蘇教といった「宗教」についての説明は、この徳義（私徳・公徳。宗教はとくに私徳）の内容に関わってなされるのである。

福沢は、「智徳両ながら備はらざれば世の文明は期す可らざる」という智徳両方の必要の認識を示すが、「西洋人の智恵」の量と比較して「方今我邦至急の求は智恵」であるとし、また、私徳と智恵とでは、私徳は「智恵に依頼せざれば用を為す可らず」と智恵を重視する。すなわち、福沢によって「宗教」は智恵との関係で認識され、「世の文明次第に進歩すれば宗教も必ず簡易に従ひ」、道理に基づくようになるのだが、それは、「宗教」が「智識進歩の有様に適」しながら、「文明の度に従て形を改る」ということに他ならない。[18]このような智徳の関係論としてある福沢の「宗教」認識のあり方をまず確認しておきたい。

次に、前節で確認したように、福沢は、早い段階で「文明の政治」における信教の自由・政教分離という宗教的事象に関わる原則を認識していたと言えるが、『概略』では、そうした本来あるべき文明の「宗教」像を前提にしながら「宗教」が認識されている。

福沢は、「宗教は人心の内部に働くものにて、最も自由最も独立して、毫も他の制御を受けず、毫も他の力に依頼せずして、世に存す可き筈」と、「宗教」は、人心内部で働く自由・独立したもので

（＝「信教の自由」）、いかなる「他の制御」・「力」（＝政治権力）とも無関係である（＝「政教分離」）べきなのに、「我日本に於ては則ち然らず」という。[19] また、福沢は、

元来我国の宗旨は神仏両道なりと云ふ者あれども、神道は未だ宗旨の体を成さず。仮令ひ往古に其説あるも、既に仏法の中に籠絡せられて、数百年の間本色を顕はすを得ず。或は近日に至て少しく神道の名を聞くが如くなれども、政府の変革に際し僅に王室の余光に藉て微々たる運動を為さんとするのみにて、唯一時偶然の事なれば、余輩の所見にては之を定りたる宗旨と認む可らず。兎に角に古来日本に行はれて文明の一局を働きたる宗旨は、唯一の仏法あるのみ。[20]

と述べ、神道は独立した宗教とは言えず、一応、古来日本の宗教は、仏教のみであるとの見解を示す。しかし、その仏教ですら、「初生の時より治者の党に入て其力に依頼せざる者なし」[21] なのである。さらに福沢は、一八七二年（明治五）の「自今僧侶肉食妻帯蓄髪等可為勝手事」[22]（四月二十五日付）という太政官布告について取り上げ、

近日に至ては政府より全国の僧侶に肉食妻帯を許すの令あり。此令に拠れば、従来僧侶が肉を食はず婦人を近づけざりしは、其宗教の旨を守るがために非ずして、政府の免許なきがために勉めて自から禁じたることならん。是等の趣を見れば、僧侶は啻に政府の奴隷のみならず、日本国中既に宗教なしと云ふも可なり。[23]

と、「宗教」、なかんずく仏教の現状に対し、「宗教なし」とまで徹底的に批判している。この「日本国中既に宗教なし」という「宗教」に対する批判的認識は、「宗教は人心の内部に働くものにて、最も自由最も独立して、毫も他の制御を受けず、毫も他の力に依頼せずして、世に存す可き筈」という、

あるべき「宗教」像とのギャップから抱かれているものと言えようが、このような政治との関係において「宗教」が認識される点を、福沢の「宗教」認識のあり方の特徴として確認しておきたい。

以上確認した二つの「宗教」についての福沢の認識からは、おおよそ「宗教」とくに仏教への期待は感じられない。当分は「欧羅巴の文明を目的として議論の本位を定め、この本位に拠て事物の利害得失を談(24)」ずる以上は、当然の認識なのだろう。では、西洋文明で信仰されている「宗教」、「耶蘇教」について福沢はいかに認識したのだろうか。「耶蘇教」に対する福沢の認識の仕方は、彼の「宗教」観を知る上で重要であると思われるので、さらにみておくことにする。

福沢は、「今の学者」が「耶蘇の宗教を便利なりとして神儒仏を迂遠なり」とする見解に対し、「其民心に感ずる所の功能に就て論ずるときは、耶蘇の教も亦必ずしも常に有力なるに非ず」とやはり否定的である。さらに、「かの耶蘇教は西洋人の智恵を以て修飾維持したる宗教なれば、其精巧細密なること迚も神儒仏の及ぶ所に非ざる可しと雖も、西洋の教化師は日本に来て頻りに其教を主張し神儒仏を排して己れの地位を得んとし、神儒仏の学者は及ばずながらも説を立てゝ之に敵対せんとして、兎に角に喧嘩争論の体裁を成すは何ぞや。……東西の教、正しく伯仲の間に在るの明証と云ふ可し。……我日本人も相応の教を奉じて其徳教に浴したる者なれば、私徳の厚薄を論ずるときは、西洋人に比して伯たらざるも必ず仲たり」と、私徳については、日本は西洋に必ずしも劣ってはおらず、結局、西洋文明の現状からみて「耶蘇教」を取り入れるべきことには否定的である(25)。

福沢が「耶蘇教」に対して否定的な理由はほかにもある。『概略』の最終章「第十章　自国の独立を論ず」で、第九章までの文明論では、その議論の本位として西洋文明を目的としてきたが、文明の

「進歩の度に従て相当の処置」が必要であるとの認識から、「我国の文明の度は今正に自国の独立に就て心配するの地位に居[26]」るという日本の文明度の現状認識を示し、この最終章では「自国の独立」を本位に議論するとしている。ここでは、福沢の「宗教」論は、「自国の独立」（＝国民国家の創出）を議論の本位とした彼の文明論において論じられるのである。

そこで具体的に取り上げられるのは、「宗教を以て一度び人心を維持するを得ば、衆庶の止まる所、始て爰に定り、拡て之を政治上に施さば、亦以て一国独立の基とも為る可し」とする「一種の学者」の見解である。[27]とくにここでは、「一国独立」への「耶蘇教」の功能を積極的に主張する学者の見解が問題となるのだが、後で見るように、福沢の見解は、確かに「耶蘇教」を問題にしながらも、しかし、本来あるべき「宗教」を「耶蘇教」と重ねながら論じていると思われるのである。言い換えれば、福沢は、「耶蘇教」を問題にしながらも、政教分離という原則を念頭に「文明」における「宗教」のあり方を問題にしながら、「自国の独立」を論じているのである。福沢は、

元来耶蘇の宗教は永遠無窮を目的と為し、幸福安全も永遠を期し、禍患疾苦も永遠を約し、現在の罪よりも未来の罪を恐れ、今生の裁判よりも後生の裁判を重んじ、結局今の此世と未来の彼の世とを区別して論を立て、其説く所、常に洪大にして、他の学問とは全く趣を異にするものなり。一視同仁四海兄弟と云へば、此地球は恰も一家の如く、地球上の人民は等しく兄弟の如くにして、其相交るの情に厚薄の差別ある可らず。四海既に一家の如くなれば、又何ぞ家内に境界を作るに及ばん。然るに今この地球を幾個に分ち、区々たる国界を設け、人民各其堺内に党与を結て一国人民と称し、其党与の便利のみを謀らんがためにとて政府を設け、甚しきは兇器を携へて

界外の兄弟を殺し、界外の地面を奪ひ、商売の利を争ふが如きは、決して之を宗教の旨と云ふ可らず[28]。

と述べる。すなわち、「耶蘇の宗教」が、永遠と来世、そして「一視同仁四海兄弟」を説くことを取り上げ、前者は、「他の学問（実学…引用者）」との違いの論拠とし、後者については、その教えに従えば、「地球は恰も一家の如く」なるから、「今この地球を幾個に分ち、区々たる国界を設け、人民各其界内に党与を結て一国人民と称し、其党与の便利のみを謀らんがためにとて政府を設け」るという現状は、「決して之を宗教の旨と云」えないという。要するに、「宗教の旨」は、今の世界の現実には合致しないというのである。すなわち、「今世界中の有様を見れば処として建国ならざるはな」く、また「建国として政府あらざるはな」く、各国が富国強兵に努め、国民もまた「富国強兵に傚はんとして勉強する」のは、確かに「宗教の旨には背くと雖ども、世界の勢に於て止むを得[29]」ないとされるのである。したがって、「宗教」の原則である「一視同仁四海兄弟の大義と報国尽忠建国独立の大義とは、互に相戻て相容れ」ないから、当然「宗教を拡て政治上に及ぼし、以て一国独立の基を立てんとする」説は「考の条理を誤るもの」となる[30]。

　要するに「宗教は一身の私徳に関係するのみにて、建国独立の精神とは其赴く所を異にするものなれば、仮令ひ此教を以て人民の心を維持するを得るも、其人民と共に国を守るの一事に至ては果して大なる功能ある可らず[31]」なのである。ここで彼の「耶蘇教」・宗教論の前提となっているのは、「宗教は一身の私徳に関係するのみ」という認識と、「宗教を拡て政治上に及ぼし、以て一国独立の基を立てんとする」説は「考の条理を誤るもの」という認識であるが、言い換えれば、「宗教」の本来的なあり方は、政教一致とは矛盾するという認識をもっていたのである。つまり、「宗教」のあり方については、政教分離、ひいては信教の自由を前提としていたのである。だから本来「宗教」は「建国独立の精神とは其赴く所を異にする」のであり、したがって、今の「自国の独立」という目的には反するものなのである。

「第九章　日本文明の由来」において、福沢が日本の宗教の存在形態とりわけ仏教の政治権力からの非自立性について批判した際、「宗教は人心の内部に働くものにて、最も自由最も独立して、毫も他の制御を受けず、毫も他の力に依頼せずして、世に存す可き筈」として、本来の「宗教」とは最も自由・独立したもので、いかなる「他の制御」・「力」とも無関係であるべきだという認識を前提としていた。ところが、この「第十章　自国の独立を論ず」において、今の「世界中の有様」に鑑み、かつ「自国の独立」を本位に議論をした際には、そうした政教分離・信教の自由という、本来の「宗教」の前提は、福沢の文明論において、「宗教」不用論の論拠とされたのである。

智徳関係から論じれば、智恵による私徳・「宗教」は、目的とする文明化には主導的な役割はない。しかも現状の日本「宗教」は、政治権力と結び堕落し、本来あるべき自立した「宗教」ではない。だからといって、あらゆる権力から自立した理想的な「宗教」は、あまりに現実と乖離していて、これでは「建国ならざるはなし」という「今世界の有様」、すなわち「一身建国独立の精神とは其赴く所を異にするもの」となる。とりわけ、我が国の文明度からみれば、「自国の独立」こそが目的であるからなおさらであるというのである。

以上のような福沢の「宗教」観と文明論との関係をまとめると、およそ次のようになろう。「宗教」

については、①否定されるべき現状の日本文明の「宗教」（仏教）、②西洋文明で信仰されている「宗教」（現状の「耶蘇教」）、並びに、③本来あるべき「宗教」、以上三つの「宗教」。文明論については、Ⓐ人類の到達すべき究極の文明を目的としながらも、西洋文明を一応の目的とし、議論の本位とした文明論、Ⓑ現状の日本の文明度からみて、その「文明の目的」とされるべき「自国の独立」を議論の本位とした文明論、以上である。このような五つのファクターの組合せから考えると、『概略』での福沢の「宗教」論は、基本的にⒶのためには、「宗教」については、①はもちろん、②③についても智恵重視の立場であるから、積極的にその必要を説くものではなく、「結局宗旨のことは之を度外に置く可きのみ(32)」なのであった。

そして、最終章において福沢の文明論の本位はⒷに設定されたが、このとき③の「宗教」は、その必要を説かれなかった。では、残るⒷと①②との関係については、どうであろうか。前章までに、すでに既成仏教についての批判は徹底的にされているのであるから、いまさら論じるまでもなく、①のような「宗教」（仏教）は福沢の文明論においては無用ということか。

だが、この最終章において已れの文明論の本位を、「自国の独立」を目的として設定した福沢は、「今の我文明は此目的に達するの術なり(33)」という認識を示しているのである。すなわち、「結局の目的を自国の独立に定め、恰も今の人間万事を鎔解して一に帰せしめ、悉皆これを彼の目的に達するの術とするときは」、「忠臣義士の論も耶蘇聖教の論も、儒者の論も仏者の論も、愚なりと云へば愚なり、智なりと云へば智なり、唯其これを施す所に従て、愚とも為る可く智とも為る可きのみ」という具合に、「最後最上の大目的を忘れざる」という条件で、「今の我文明」は「文明の方便」として福沢に認識されたのである。[34]このような暫定的な福沢の文明論における「宗教」についてみれば、批判されるべき「今の我文明」としての現状の「仏者の論」も、そして「耶蘇聖教の論」も「施す所に従て」という条件付きで、彼の文明論中での効能が見出されることになる。先ほどの、Ⓑと①の関係論に話を戻せば、つまり既成仏教も充分に「文明の方便」たるということになる。そして論理的には、②も「文明の方便」になりうるだろう。

結局、仏教についてみると、いわば智徳関係論・政教関係論的観点から否定されるばかりの「今の我文明」である仏教が、「自国の独立」論という観点から、「文明の方便」としてかろうじてその存在価値を与えられることになったのである。いわば、この宗教方便論は、福沢の文明論の論理的な帰結から導き出されたものと言える。そして、ここに福沢の文明論の体系において、仏教の生き延びる論理が確保されたのである。

三　期待される仏教——文明論と「宗教」論

福沢の文明論において、仏教は抹殺をまぬがれた。それは、「自国の独立」のための「文明の方便」としてであった。ところで、福沢の「宗教」への認識は、『概略』刊行後まもなく、一八七六年（明治九）の「宗教の必用なるを論ず」[35]で、次のように示された。

望む所必ずしも理窟に適はずとも事実に於て慥に功能あらば之を善とし利益ありと認む可し。……不動、金毘羅、耶蘇、「ゴッド」、木仏、石仏、八百万の神々等に依頼して、行儀をよくし人間の道を尽さん抔と望むは、理窟に適はぬことにて至極馬鹿らしきものなりとて、学者先生達は一概に之を無益の事とのみ取極めて毫も用捨することなし。是れも一応尤の事なれども、……少しく活眼を開て見よ。大酒博奕の害、盛に行はれて、泥棒人殺の沙汰多く、姦通も絶へず、夫婦喧嘩も止まざる世の中なれば、偶是等の悪事を禁ずるものあらんには、其金毘羅に依頼し、耶蘇に便るに拘はらず、如何ぞ之を用捨せざる可けんや。……只々近来学者先生達が一概に宗教を無用として余り軽蔑することの甚しければ、聊か気の毒に存ずるなり。「ゴッド」なり、耶蘇なり、阿弥陀様なり、不動様なり、豈其功能なしと云ふ可けんや。夜盗流行すれば犬を養ひ、鼠跋扈すれば猫を飼ふ。今の世の中に宗教は不徳を防ぐ為めの犬猫の如し。一日も人間世界に欠く可らざるものなり。(36)

福沢は、「今日の世の中を高く買ひ過ぎ、智者善人の世の中と誤認せし故」に「宗教」を無用視する学者たちに対して、世の中の不徳を防ぐという功能を理由に、宗教の必要を認めよと理解を促すのである。福沢には、今の世は決して善人のみではないと認識されているのである。

ところが、このような宗教利用の論理は、すでに『概略』の内容に明確に見出せるのである。なるほど福沢の文明論において「宗教」なかんずく仏教が占める位置とは、決して大きくはないだろう。前節で確認したように、福沢の文明論におけるその効能は、かろうじて見出されたものである。だが、『概略』最終章で見出された「文明の方便」としての「仏者の論」などという指摘により、当然ながら『概略』中の「宗教」論は、福沢の「宗教」認識を確かめる上でも、改めて重視しなくてはなるまい。たとえば、福沢の次のような「宗教」論は注目に値しよう。

私徳の人心に於けるは耳目鼻口の人身に於けるが如し。固より其有用無用を論ず可きに非ず。苟も人の名あれば必ず是れなかる可らず。耳目鼻口有無の議論は片輪者の住居する世界に行はる可きことなれども、苟も片輪以上の地位に上れば亦喋々の弁を費すに足らず。蓋し神儒仏なり、又耶蘇教なり、何れも上古不文の世に在て恰も片輪の時代に唱へたる説なれば、其時代に於て必用なるは固より論を俟たず。後世の今日に至るまでも世界中の人口、十に八、九は片輪なる可ければ、徳義の教も亦決して等閑にし難し[37]。

「徳義の教」・「宗教」（神儒仏・耶蘇教）は、「片輪の時代に唱へたる説」であり、「世界中」「十に八、九」の「片輪者」には「必用」だというのだ。この福沢の徳義・「宗教」論は、つまり、人智に適した「宗教」が「必用」だという論である。ここから強烈な愚民観が福沢の文明論と絡まって存在していることがわかる。そして、先ほど確認した彼の宗教利用の論理とは、このような福沢の文明論がもつ啓蒙性ゆえの愚民観を背景にして成立した論理であったと言っても過言ではない[38]。さらに、そのような愚民観を伴った「宗教」観が、進化論的に認識されている点も見逃してはなるまい。いわば、この進化論的「宗教」史観こそが、愚民への宗教必用論という認識を成立させていると思われるからである。そこで彼の進化論的な「宗教」の歴史記述を『概略』に確認しておきたい。

宗教は文明進歩の度に従て其趣を変ずるものなり。西洋にても耶蘇の宗旨の起りし其初は羅馬《ろーま》の時代なり。羅馬の文物盛なりと雖ども、今日の文明を以て見れば概してこれを無智野蛮の世と云はざるを得ず。故に耶蘇の宗教も其時代には専ら虚誕妄説を唱へて、正しく当時の人智に適し、世に咎めらるゝこともなく……[39]

文明度が「無智野蛮の世」であれば、その時代の人々の「人智」には、「耶蘇の宗教」の「虚誕妄説」が適したというのだ。そして、日本の「宗教」においても同様の認識が示される。

日本にても旧き山伏の宗旨又は天台真言の如きは専ら不思議を唱へ、……世の文明次第に進歩すれば宗教も必ず簡易に従ひ、稍や道理に基かざるを得ざるの証なり。……若し日本の文明今より次第に進て、今の一向宗をも虚誕なりとして之を厭ふに至らば、必ず又別の一向宗を生ずることもある可し。或は西洋に行はるゝ宗旨を其まゝに採用することもある可し。(40)

「宗教」も文明の進歩に従い、簡易になり、道理に基づくようになるという。つまり文明度に見合った「宗教」があるというのである。引用文・註(37)の続きの箇所に、同様の「宗教」観をさらに確認しておく。

儒者の道に誠を貴び、神仏の教に一向一心を勧る等、下流の民間に在ては最も緊要なる事なり。譬へば智力未だ発生せざる小児を育し、或は無智無術なる愚民に接して、一概に徳義などは人間のさまで貴ぶ可きものに非ずと云はゞ、果して誤解を生じて、徳は賤しむ可し、智恵は貴ぶ可しと心得、其智恵を又誤解して、美徳を棄てゝ奸智を求むるの弊に陥り、忽ち人間の交際を覆滅するの恐なきに非ざれば、此輩に向ては徳義の事に付き喋々の弁、なかる可らず……場所と時節とを勘弁して、其向ふ所は高尚の域を期せざる可らず。(41)

現段階の文明度により、日本文明の目的を「自国の独立」としたとき、日本の「宗教」については、「愚民」の不徳防止という「文明の方便」としての功能が、福沢によって積極的に見出され、その「必用」が説かれるのである。このようないわば定式化された「宗教」認識、すなわち「宗教」が

「愚民」に功能ありとする認識が、その発行が「何万部の大数に達したり[42]」という『概略』に見出せることは、言説の社会性を考慮したとき、近代日本における「宗教」認識の形成を考える上で、注意すべき点ではなかろうか。と同時に、そのような「愚民」への宗教必用論が、

宗旨の体裁は猶政府の体裁の如し。唯人民の智愚に適するのみ。然りと雖ども、如何なる人民にも政府が入用ならば、宗旨も亦入用ならん。但し今の人民の内にも少しく品行の高き者なれば、今の政府は不用ならん。されば亦我輩学者の為にも今の宗旨は不用なり[43]。

という、智者たる学者には「宗教」は「不用」という認識と裏腹に共存していたことには、併せて注意しなくてはなるまい。

そして、そのような期待されるべき「宗教」について、「古来日本に行はれて文明の一局を働きたる宗旨は、唯一の仏法あるのみ[44]」と認識していた福沢にとっては、確かに「耶蘇教」を認める論説もないわけではないが[45]、おおむね仏教、なかんずく浄土真宗へ期待をよせたのである。たとえば、そのような認識は次のような言辞からもうかがえる。

我国の宗旨は古来仏法にして、……徳川政府の初年より儒者の道漸く盛にして、士族以上には仏を去て儒に入るもの多しと雖も、下流一般多数の人民は、益仏を信ずること厚くして日に益盛大を致し、嘗て其信心を変ずることなし。……仏法の我民心に洽ねくして下流の道徳を支配し其教界の広大なること、以て知る可し。……開明極度の事は須く之を不問に附して、唯目下に宗教の要あらば之を奨励して可なり。況や我国の仏法は我固有のものなれば、之を無疵に保護して傍に外教を防ぎ、以て人民護国の気力を損ずることなきを勉む可し[46]。

このような仏教への認識が、福沢の「自国の独立」論に結びついた「宗教」観であることは言うまでもない。

四　『文明論之概略』の「宗教」論と仏教者の自覚

前節では、福沢の文明論における「宗教」の位置に、近代日本の代表的な「宗教」認識、とくに仏教の認識を確認した。文明論とともに、「自国の独立」（＝国民国家の創出）の術として「宗教」・仏教が愚民向けに認識されるというその認識は、近代日本の有力な「宗教」・仏教認識と考えられる。本論の趣旨から重要なのは、こうした福沢の「宗教」・仏教認識が、近代日本の宗教・仏教思想史において、いかなる意味をもったかを確かめることである。

そこでまず、本節では、ある仏教者について取り上げたい。『概略』にみる福沢の「宗教」認識が、はたしてその仏教者にいかなる認識をもたらしたのか。むろん、その影響関係を明確に論証することは困難である。ただ、仏教者が、自らの文明化論において仏教の必要性を自覚化するその論理に、福沢の『概略』の「宗教」認識との関係性を指摘できるのではないかと考えている。

そうした観点からみるとき、真宗高田派の僧侶稲垣湛空の『法海一瀾』（一八七七年〈明治十〉十月刊）にみられる内容は興味深い。同書には、基本的には真宗門徒向けに、「教法ノ旨趣」を「領知」するために踏むべき「聞法ノ順序」が説かれているが、同時に、「自己ノ宗旨ニ暗キガ故ニ耶蘇教ノ造物主宰ニ眼ヲ眩マサレ、己レガ宗旨マデモ野蛮国ノ教ノ様ニ思考シ、畢竟教意ニ明カナラザルヨリ、種々ノ疑団ヲ抱ク」我が宗徒に向けて、「教意ヲ微細ニ問ヒ質シテ後チ外教ノ理由ヲ弁知セバ、愈我ガ仏教ノ深妙ナルコトヲ確信シテ、一層ノ大利ヲ得ルコトニテアル」と言うように、「耶蘇教」に対抗しながら、野蛮国の教えという仏教のイメージの払拭を図らんとする内容となっている。(47)

さて、ここに引用するのは、その最終章「清浄信心ノ説」の一節である。稲垣は、この章で「信心」の重要性を述べるのであるが、「信心」と文明化との関係にも言及している。

当今ハ漸次世ニ学者先生モ殖《ふえ》テ、世ノ中ノ文明開化ヲ唱ル人少ナカラズト雖ドモ、元来文明ト云コトハ我々ハ夢ニダモ想像セザリシ者ナルヲ、彼西洋各国ト交際条約ヲ締ビシヨリ世ニ文明ト云コトガ流行シ、「ギゾー」ノ文明史トカ、福沢氏ノ「文明論之概略」トカ、種々文明ノ訳柄ヲ論ジタル書籍モ出来、各国適切ノ文明ヲ論ジ、其他学士論者モ頻リニ其智嚢ヲ振テ、文明ノ文明タルコトヲ論究スルナリ。然レバ則チ文明ノ進歩スルコトハ日ニ一日ヨリモ盛ンニ、我国ニ流布シテ遂ニハ全国ガ文明世界トナルニ至ルベキコトト存スルナリ。(48)

稲垣は、近年、学者たちが頻りに文明を語ることに関心を寄せており、そうした文明論の一つとして、福沢の『文明論之概略』の名を挙げながら、我が国の文明開化を予見する。そして、我が国の文明開化度については、

目今ノ景況ニテハ中人以下ニ於テ、其文明開化ハ如何ナル地位ニ至リシヤヲ徴ゼンニ、猶依然タル頑固旧弊ノ巣窟タルモノ、如シ。……去レバ我国ハ文明国ナリヤ、未開国ナリヤト云ハヾ、猶ホ未ダ半開ノ域ヲ脱シ得ザル景況ナリト云ハザルヲ得ズ。(49)

と、「半開の域」として認識されたのだった。注意すべきは、「中人以下」の文明開化度は、「頑固旧

弊ノ巣窟」と認識されている点である。彼は、続けて国家の文明化の条件について、一般論を述べる。

野蛮ヲ変ジテ文明トスルニハ、其悪草ヲ除キテ善キ艸ヲ繁殖セシメ、……悪人ノ滅ジテ善人ノ多キ、知者ノ殖シテ愚人ノ少ナキニ至ル所ヲ名ケテ文明ト称スルコトニテアル。……人間ノ野蛮ナルハ其根元ハ尽ク一心ヨリ起ルナリ。……一心ノ善悪ニ因テ野蛮トモナリ、文明トモナリ、如何様トモ変化スルハ、我々ガ心識ニゾアル。(50)

稲垣は、「悪人」がいなくなり、「善人」が多くなり、「知者」が増えて「愚人」が少なくなることが文明であると押さえながら、「一心ノ善悪ニ因テ野蛮トモナリ、文明トモナ」るとして「一心」を重視するのである。すなわち、「心識」こそが文明化の鍵なのである。その上で、稲垣は「仏法」と文明の積極的な関係を述べる。

若シ之ヲ我仏法ニ徴スルトキハ、諸ノ煩悩ヲ滅尽シテ大乗善根ノ世界ニ移住シテ、共ニ慈悲心ヨリ多クノ衆生ヲ救済スル方法ヲ工夫スル世界ガ、即チ真実報土ト云開明ノ大世界ナリ。(51)

「仏法」によって諸々の煩悩を滅尽することで、人は「真実報土ト云開明ノ大世界」に至るというのである。

去レバ其開明ノ大世界ニ移住スル仏因ハ、……信心ヲ以テ正因トスルヨリ外無シト雖ドモ、其信因ヲ獲得スル者ハ、又此世界ニ於テモ共ニ文明ニ進歩シテ、人間社会ノ安寧ヲ謀リ幸福ヲ享ルコトヲ希望スル者ハ、即チ報恩ノ一助ニゾアル。(52)

そして、その「開明ノ大世界」へ至るには、「信心」が「正因」なのだが、その「信心」を得た者が「文明ニ進歩」し、さらに「人間社会ノ安寧ヲ謀リ幸福ヲ享ルコトヲ希望スル」のは仏恩に報いる

ことになるとしている。すなわち、

我ガ宗徒タル人、報仏恩ノ念ヨリシテ各自ニ昨非ヲ改メ、邪マナル心ヲ去リ、互ニ品行ヲ整粛ニスル人ノ日ニ月ニ増加シタランニハ、之ヲ取纏メナバ日本ノ文明ヲ進ムル為ノ一助トモナルベシ。……宗徒タル者、一人志シヲ立タリトテ左程国家ノ用ニ立ツベクモ非ズ、……百人千人類ヲ以テ聚リテコソ、国家ノ用ニモ立ツベケレ(53)。

と、仏教宗徒の信心が「日本ノ文明ヲ進ムル為ノ一助トモナ」り、ひいては、「国家ノ用ニモ立ツ」と言うのである。

以上のような、「中人以下」の文明度を念頭におきながらの、言い換えれば、日本文明の現状認識に関わって「悪人」観を伴いながらする稲垣の仏教「一助」論の主張は、福沢の「宗教」論の論理に類似している。福沢が「自国の独立」に文明論の目的をおいたとき、「仏者の論」が「文明の方便」として認識されたわけであるが、そうした「文明の方便」としてのあり方を仏教者である稲垣が自ずから示したものとも見なされよう。福沢の文明論が、仏教者稲垣が仏教についてする言論に一定の枠組みを与えたことは否定できないだろう。文明化との関わりの中で仏教をいかに論ずるか、という課題が、稲垣には、仏教者の責任として認識されていたと言っても過言ではあるまい。また、このような仏教の文明化へ積極的な効能の主張は、同時に、野蛮国の宗教としての仏教という図式の否定を目指すものでもあったであろう。とはいえ、「悪人」への仏教の功能を説くという語りは、基本的には、福沢の文明論にみた愚民への宗教必用論の枠を出るものではない。

だが、「信心」に依拠した文明化という発想は、福沢の文明論に基づけば、私徳を中心に据えた文明化ということになるが、本章第二節でも確認したように、『概略』で、「方今我邦至急の求は智恵」と主張する福沢の文明論とは、当然、相容れない。それゆえ、この稲垣の「信心」を文明の「正因」とするいわば「信心」文明論には、仏教者ゆえの論理を読み取らなくてはなるまい。

五　仏教啓蒙家井上円了の言説の射程

人間を智愚に二分する思考を伴いながら、宗教・仏教が愚民のために功能があるという認識は、端的に言えば、福沢のような啓蒙思想家の文明論とともに語られた「宗教」論と深く関わって存在していると思われる。福沢は、その晩年にかけての「宗教」論説においても、仏教、なかんずく浄土真宗を「経世の要具」(54)とみなし、ときには僧侶を叱咤激励し、布教の必要性を強調した。同時にそのような福沢の「宗教」論説は、文明化（＝国民国家の創出）を目的として愚民教化する仏教という認識の創出にも一役を果たしたとも言えるだろう。

ところで、国家を護り、真理を愛するという「護国愛理」をその思索のモットーとしながら、哲学的思考をもってこのような先入観に満ちた仏教を「改良」しようとしたのが、明治の仏教啓蒙家として名高い井上円了であったと言ってよい。彼はその代表的な著作『仏教活論序論』（一八八七年〈明治二十〉刊）の「緒言」に、仏教の現状への認識を次のように示している。

今仏教ハ、愚俗ノ間ニ行ハレ、愚僧ノ手ニ伝ハルヲ以テ、弊風頗ル多ク、畢竟野蛮ノ教法タルヲ免レズ。故ヲ以テ、其教ハ日ニ月ニ衰滅セントスルノ状アリ、是レ余ガ大ニ慨嘆スル所ニシテ真理ノ為ニ飽クマデ此教ヲ護持シ、国家ノ為メニ飽クマデ其弊ヲ改良セント欲スルナリ。[55]

ここに井上によって認識される仏教の現状とは、福沢が『概略』において、その「必用」を説いた「愚俗」の仏教信仰であり、同時に福沢も叱咤した「愚僧」の有様である。そして問題は、井上の次のような仏教功能についての認識である。井上は、その『仏教活論序論』において、仏教を聖道門・浄土門の二つに分け、前者は智者に適する智力の宗教、後者は愚者に適する情感の宗教という具合に区別した上で、「仏教ハ下等社会ニ用フルモ上等社会ニ用フルモ、智者学者ニ用フルモ、無智愚民ニ用フルモ、共ニ相応ノ利益アルベシ[56]」と、いわば全ての人間への仏教の「利益」性を強調するのである。そして、その「利益」とは、文明開化を進めることに照らしてであることは言うまでもない。

そして、「之（仏教…引用者）ヲ社会ノ上ニ応用スルトキハ、賢愚利鈍貴賤上下ノ人ヲシテ尽ク機根相応ノ利益ヲ得セシメ、開明ヲ進達シ野蛮ヲ教導スルノ良法モ、蓋シ又之ニ過ギタル者ナシ[57]」というような、井上の言辞に我々が読み取るべきは福沢的仏教観との関係であろう。すなわち、愚民と智者という二分的思考によって全ての人間を把握しながら、そして文明化への功能として、そのうち愚民のみへの宗教必用論を説いた福沢に対して、井上は両者にそれぞれ相応しい仏教があると言うのである。実は、このような井上の認識は、福沢が文明論に位置付けながら論じた「宗教」功能論の枠内でなされているとも言えるだろう。確かに、哲学的思考に依拠して仏教を「改良」しようとする営みそのものは、福沢の「宗教」論にはみられない。しかし、井上の言辞に対して注意すべきは、宗教必用論を説く者たちに共通している思考の枠組み――人間の智愚を前提とした思考の枠組み――であろう。智者と愚者の存在を前提として、文明化への功用を論じようとするそのような「宗教」論の枠組み自体は、福沢の文明論に象徴される、近代国民国家創出の言説に見出されるものである。福沢の文明論の宗教思想史、仏教思想史における位置付けは、そのような人間の智愚を前提とする「宗教」観の形成との関係で考えてみる必要があるのではなかろうか。

おわりに――清沢満之の「宗教」観の意味するもの

以上、福沢諭吉、稲垣湛空、井上円了という三人の宗教観について見てきた。このうち福沢と井上は、いわゆる啓蒙思想家として知られている。そして稲垣も、宗徒に対しては、やはり立場的には啓蒙的な立場にいたとみなすべきだろう。一八七五年（明治八）、福沢が『概略』において論じた「自国の独立」を本位とした文明論とともに認識される愚者への宗教必用論は、日本の文明化のための「宗教」論に一定の枠組みを用意したと考えられるのではないだろうか。事実、文明化への仏教の功能を説いたのは稲垣であり、護国愛理をモットーに、愚者のみへの必用論を克服しつつ、智者への仏教の「利益」を積極的に説いたのは井上であった。

ところで、一九〇二年（明治三十五）、真宗僧清沢満之は、その宗教的信念である「精神主義」の提唱後、次のように述べている。

宗教は迷悶せる者に安慰を与ふるものなり。迷悶なき人には、宗教は無用なり。而して吾人教家が、広く一般に対して、宗教を宣布せんとする根拠は、世人一般に宗教の必須欠くべからざることを認むればなり。(58)

「宗教」とは「迷悶せる者」に有用だというのである。ここには、智者と愚者とに分ける人間観はうかがえない。「迷悶せる者」に、智者愚者は一切問われない。そもそも「智恵」とは人間が有するものではない。如来こそが「無限の智恵」をもって、「常に私を照護し」、「邪智邪見の迷悶を脱せしめ」ると自覚されたのである[59]。

さらに、清沢によって、「宗教」と国家などとの関係は、次のように自覚されるのであった。

真面目に宗教的天地に入らうと思ふ人ならば、釈尊がその伝記もて教へ給ひし如く、親も捨てねばなりませぬ、妻子も捨てねばなりませぬ……、国家も捨てねばなりませぬ、進んでは自分其の者も捨てねばなりませぬ。語を換へて云へば、宗教的天地に入らうと思ふ人は、形而下の孝行心も愛国心も捨てねばならぬ。其の他仁義も、道徳も、科学も、哲学も一切眼にかけぬやうになり、茲に始めて、宗教的信念の広大なる天地が開かるゝのである[60]。

宗教的天地に入るためには、国家、愛国心を捨てなければならないという清沢のラディカルな言辞には、「自国の独立」を目的としながら「宗教」の功能を認識するような、いわば福沢的「宗教」観は否定されている。この清沢の言辞からうかがえるのは、まさに福沢が『概略』で否定した「一身建国独立の精神とは其赴く所を異にする」ような「宗教」観である。清沢の「宗教は主観的事実なり、心霊的経験なり[61]」と極端な内観主義に立つ、このような「宗教」認識のあり方が、福沢の言う宗教利用論とともにある「宗教」認識のあり方とは異なることは言うまでもない。清沢は次のようにも述べている。

宗教は社会上の利益や、倫理上の行為の外に一種の別天地を有するものなることを解するに至れば、既に宗教の門戸を開きて、一歩を其の内に容る、ものであるから、最早宗教を門外より批評するの必要を見ざることであります。此が正しく精神主義の立脚地であります。[62]

そして本章の趣旨から重要なのは、このような清沢の言辞と福沢的な社会上の利益を問題にするような宗教必用論の認識との違いそのものではない。このような清沢自らが「精神主義」を主張しながら、「宗教」認識を物語る言説自体は、当時の常識的な「宗教」観を否定的媒介として、言い換えれば、そうした「宗教」観に対抗的な意味合いをもって成立したであろうということである。そして、その常識的な「宗教」観とは、内村鑑三（一八六一～一九三〇）が、まさに清沢と同時代に、「宗教の大敵」（一九〇二年〈明治三十五〉）として強烈に批判したような「宗教」観であった。内村は福沢的宗教観を批判して次のように述べていた。

宗教の大敵とは、自身宗教を信ぜざるに、これを国家あるいは社会の用具として利用せんと欲する者である。宗教を侮辱するものにして、これにまさるものはない。……彼らは宗教は有識の徒には全く無用のものであると唱えている。しかるに彼らは、この迷信、この無用物を彼らの同胞に推薦しつつあるのである。彼らの不信実もここに至ってその極に達せりと言うべきではないか。しかも、かかる人はこの日本国には決して少なくはない。故福沢諭吉先生のごときは終生かかる説を唱えられた。そうして彼の門下生は今になお、……この説を唱えている。[63]

本章では、福沢の文明論とともに語られ、位置付けられる「宗教」・仏教認識を確認し、その上で、とりわけ人間の智愚を前提とする宗教・仏教利用論についての近代日本の仏教者の認識を、おおよそではあるが、明治時代を通してみてきたが、以上の考察から、いわば福沢的「宗教」認識を課題とする営みが、明治の宗教・仏教思想史には辿れるように思えるのである。本章では、とくに明治時代について考察したが、このように、近代の宗教・仏教思想史において福沢の「宗教」論・「宗教」認識とは、仏教者たちのアイデンティティーと関わって、彼らにとって看過しえない位置を占めるものであったと考えられるのである。

註

（1）藤原正信は、「近代真宗と福沢諭吉」（光華会編『親鸞と人間』、永田文昌堂、一九九二年）において次のように結論を述べる。「日本民族宗教社会の桎梏から自由ではなかったからこそ、彼は神道を「非宗教」と位置付けて受容し、いわば「真俗二諦」真宗を支援することを通して天皇制神学の普及をたすけたのであった。福沢が期待をかけた真宗は、……民衆に国家への従属を説き、「絶て不思議を唱ることな」いがゆえに「実学」推進にも対応するという近代天皇制のもとでもっとも有用な宗教であったのである。事実、近代真宗は国家目的を担うことに自らの宗教的存在理由を見いだして全力を傾けたのであった」と。同氏は、ほかにも福沢の宗教論について多数論じている。たとえば、「福沢諭吉の宗教利用論とその宗教性」（『仏教史学研究』三二―二、一九八九年）など。

（2）ひろたまさきは、『福沢諭吉研究』（東京大学出版会、一九七六年）第四章「日本啓蒙主義の凋落」において、次のように論じている。「この「智愚」遺伝決定論（「系統論」、『家庭叢談』一八七六年〈明治九〉、所収、…引用者）は、士族への期待に対応して「下流人民」の無智蒙昧にたいする絶望を固定化するものであって、それにたいする処方箋が「系統論」と同時に書かれた「宗教の必用なるを論ず」である。『学問のすすめ』から「宗教の必用」への転換である」と。同氏は、この転換を、福沢の「啓蒙意欲の喪失の第一歩」だと論じた。

（3）小泉仰は、「福沢諭吉――『百話』における仏教への接近――」（峰島旭雄編『近代日本の思想と仏教』、東京書籍、一九八二年）において、次のように福沢の信仰について論じている。「福沢は、宗教全体を功利主義の見地から見つめて評価していきながら、宗教との接触を次第に深めていき、最後に仏教的宗教観に辿りついたということである。もちろんかれは、特定の宗派の仏教に深く帰依したわけではない。しかし後に見るように、かれの晩年の宗教観は、仏教色に深く色彩られており、「仏教的」と呼んでも差し支えないものであった」と。

（4）八木清治は、「福沢諭吉の宗教論説――その政教分離論を中心に――」（源了円・玉懸博之編『国家と宗教』、思文閣出版、一九九二年）において、次のように論じる。「「信教の自由」の論点は、福沢個人の人格と分離された「経世の方便」としての宗教利用論によって看過され、明治十年代の国権論の立場からキリスト教排撃で軽視され、明治憲法体制の確立に伴って隠蔽されたものといえるだろう。したがって、福沢の僧俗分離＝「宗教の独立」論は、明治憲法体制下の「信教の自由」を前提とし、それとの思想的対立を回避した政教分離の主張であったと言わざるを得ない」と。

（5）近年、近代日本における「宗教」認識のあり方自体を問題とする研究が発表されている。たとえば、山口輝臣「宗教の語り方」（近代日本研究会編『年報・近代日本研究』一八、一九九六年。のち、同『明治国家と宗教』、東京大学出版会、一九九九年に再録）、桂島宣弘「教派神道の成立――「宗教」という眼差しの成立と金光教――」（『江戸の思想』第七号、ぺりかん社、一九九七年。のち『思想史の十九世紀』、ぺりかん社、一九九九年に再録）、磯前順一『近代日本の宗教言説とその系譜――宗教・国家・神道――』（岩波書店、二〇〇三年）がある。

（6）鈴木範久『明治宗教思潮の研究』（東京大学出版会、一九七九年）「第二節」を参照。

（7）「福沢全集緒言」（慶応義塾編『福沢諭吉全集』〈以下、『全集』と略す〉、岩波書店、一九五八～六四年、第一巻、四六頁）。

（8）比較思想史研究会編『明治思想家の宗教観』（大蔵出版、一九七五年）「序論」を参照。

（9）『全集』第一巻、二八五頁。

（10）同前、二六頁。

（11）同前、二九頁。

（12）『西洋事情』初編「巻之一」（『全集』第一巻、二九〇頁）。福沢は、『西洋事情』二編「巻之一」（一八六九年

〈明治二〉刊）「例言」において、「自由」の義を注解しながら「宗旨の自由とは、何宗にても人々の信仰する所の宗旨に帰依せしむることなり」（『全集』第一巻、四八七頁）と信教の自由を明確に説明している。
(13) 『西洋事情』初編「巻之二」（『全集』第一巻、二九〇頁）。
(14) 日本近代思想大系五『宗教と国家』（岩波書店、一九八八年、二三五頁）。
(15) 森有礼「英文日本宗教自由論」（「Religious Freedom in Japan」）（明治文化研究会編輯『明治文化全集 第十九巻 宗教編』、日本評論社、一九二八年、五三四～五四六頁）。
(16) 『文明論之概略』については、丸山真男『「文明論之概略」を読む』（岩波新書、一九八六年）、および、子安宣邦「『文明論之概略』とアジア認識」（『「アジア」はどう語られてきたか――近代日本のオリエンタリズム――』、藤原書店、二〇〇三年）を参照。
(17) 『文明論之概略』第三章「文明の本旨を論ず」（『全集』第四巻、四一頁）。
(18) 同前書、第六章「智徳の弁」、一〇三～一一〇頁。
(19) 同前書、第九章「日本文明の由来」、一五六頁。
(20) 同前、一五六頁。
(21) 同前、一五六～一五七頁。
(22) 「宗教関係法令一覧」（前掲、『宗教と国家』、四四六頁）。
(23) 『文明論之概略』第九章「日本文明の由来」（『全集』第四巻、一五八頁）。
(24) 同前書、第二章「西洋の文明を目的とする事」、一九頁。
(25) 本段落中の引用は、すべて同前書、第六章「智徳の弁」、一〇三～一〇七頁。
(26) 『文明論之概略』第十章「自国の独立を論ず」（『全集』第四巻、一八三頁）。
(27) 同前、一八九頁。
(28) 同前、一八九～一九〇頁。
(29) 同前、一九〇頁。
(30) 同前、一九一頁。

(31) 同前、一九一～一九二頁。
(32) 同前書、第六章「智徳の弁」、一一〇頁。
(33) 同前書、第十章「自国の独立を論ず」、二〇九頁。
(34) 同前、二一〇～二一二頁。
(35) 『全集』第一九巻、所収。
(36) 同前、五八五～五八七頁。
(37) 『文明論之概略』第六章「智徳の弁」(『全集』第四巻、八七頁)。
(38) 「啓蒙」それ自体が孕む暴力性については、マックス・ホルクハイマー、テオドール・W・アドルノ『啓蒙の弁証法』(徳永恂訳、岩波書店、一九九〇年、原書一九四七年)が示唆的である。我々は、啓蒙思想家福沢の文明論が併せ持つ愚民観のまなざしが、彼の「脱亜論」(一八八五年〈明治十八〉)にみるアジアへの地政学的な蔑視観に直結していくことを認識すべきである。この点については、姜尚中「福沢諭吉——文明論とオリエンタリズム——」(『「近代」を人はどう考えてきたか』、東京大学出版会、一九九六年)が参考となる。
(39) 『文明論之概略』第六章「智徳の弁」(『全集』第四巻、一〇九頁)。
(40) 同前、一一〇頁。
(41) 同前、八七頁。
(42) 「福沢全集緒言」(『全集』第一巻、六〇頁)。
(43) 「覚書」(『全集』第七巻、六七一頁)。
(44) 『文明論之概略』第九章「日本文明の由来」(『全集』第四巻、一五六頁)。
(45) 一八八四年(明治十七)「宗教も亦西洋風に従はざるを得ず」(『時事新報』一八八四年〈明治十七〉六月七日、『全集』第九巻、五三六頁)で、福沢は次のように論じている。「我輩は我一身の私に於ては甚だ宗教に淡泊なりと雖ども、更に身を経世の点に置て考ふれば、今日各国の交際上にて我国を文明国間に独立せしめ敢て文明の面色を表して他の疎斥を免れんとするには、人間社交上最も有力なる宗教の如きも亦西洋風に従はざるを得ずと信ずるなり」と。しかし、このような「耶蘇教」を容認する発言は、むしろ例外的である。

(46)『時事小言』（一八八一年〈明治十四〉、『全集』第五巻、二一七〜二一八頁）。
(47)稲垣湛空『法海一瀾』（『明治仏教思想資料集成』第五巻、同朋舎出版、一九八一年、三九五頁下段、四二六頁上段）。
(48)同前、四三九頁上段。
(49)同前。
(50)同前、四三九頁下段〜四四〇頁上段。
(51)同前、四四〇頁上段。
(52)同前、四四〇頁上段。
(53)同前、四四一頁上段。
(54)このような福沢の論説には、「宗教の効能」（『時事新報』一八九四年〈明治二十七〉九月三十日、『全集』第一四巻）、「宗教は経世の要具なり」（『同』一八九七年〈明治三十〉七月二十四日、『全集』第一六巻）、「宗教は茶の如し」（『同』一八九七年〈明治三十〉九月四日、『全集』第一六巻）などがある。
(55)『仏教活論序論』「緒言」（森龍吉編『真宗史料集成』第一三巻、同朋舎出版、一九八三年、所収分を参照した。一六二頁下段）。
(56)同前、一八三頁上段。
(57)同前、一八二頁上段。
(58)「迷悶者の安慰」（『精神界』第二巻第一号、一九〇二年〈明治三十五〉一月掲載分。暁烏敏・西村見暁編『清沢満之全集』第六巻、法藏館、一九五六年、三八頁）。
(59)「我が信念」（同前、二三一頁）。「如来は無限の智恵であるが故に、常に私を照護して、邪智邪見の迷妄を脱せしめ給ふ」。清沢の絶筆である同稿は、しばしば彼の最後の信仰告白と評される。
(60)「宗教的信念の必須条件」（『精神界』第一巻第一一号、一九〇一年〈明治三十四〉十一月掲載分。前掲、『清沢満之全集』第六巻、一四三頁）。
(61)「親鸞聖人の御誕生会に」（『精神界』第二巻第四号、一九〇二年〈明治三十五〉四月掲載分。前掲、『清沢満之全集』第六巻、四八頁)。
(62)「第二「精神主義」(その二)」(一九〇一年〈明治三十四〉七月。前掲、『清沢満之全集』第六巻、六三頁)。
(63)「宗教の大敵」(『聖書之研究』一九〇二年〈明治三十五〉十一月掲載分。『内村鑑三信仰著作全集』第一四巻、教文館、一九六三年、七五頁)。

＊史料の引用に際しては、一部の旧字を現行漢字に改め、また適宜、句読点・濁点を補った。

第三章　『歎異抄』解釈の十九世紀
――自己認識の創出と二つの他者――

はじめに

『歎異抄』というテクストに対するとき、読者には、ある種自明な親鸞との出会い方がある。そうした自明さを伴った親鸞との出会い方は、実は、早くみても、せいぜい明治三十年代、十九世紀末頃に現れたと言ってよい。しかもそれは、きわめて独特な『歎異抄』解釈の仕方に関わってある。[1]

あらかじめ言えば、この明治以降に出現した『歎異抄』の読み方と、江戸時代の『歎異抄』の講釈とには、明らかに差異がある。本章の目的は、この差異に注目しながら、この「十九世紀」に新たに出現した独特な『歎異抄』解釈の特徴を明らかにしながら、そこに含まれる問題を考えることにある。

そのために、本章では、真宗大谷派の僧侶であり、真宗教学者の暁烏敏（一八七七～一九五四）がした『歎異抄』解釈について主に取り上げ、併せて、その特徴を明確にするために江戸時代の真宗僧で宗学の大成者香月院深励（一七四九～一八一七）の『歎異抄』についての講録を比較の対象として取り上げる。

さて、暁烏敏は、明治三十年代（一八九七～一九〇六）、清沢満之（一八六三～一九〇三）を中心とする浩々洞同人の一人として、清沢とともに「精神主義」を唱え、真宗信仰の実践的運動を行った真宗僧である。同人たちが発行した雑誌を『精神界』(2)というが、暁烏は同誌に多くの論考を発表した。

なかでも、本章で取り上げる、彼が『歎異抄』に解釈を施した「『歎異鈔』を読む」は、一九〇三年（明治三十六）一月号より一九一一年（明治四十四）一月号までの丸八年間に五十四回にわたって連載されたもので、それは、『歎異鈔講話』と表題を改め、一九一一年（明治四十四）四月、親鸞の六五〇回忌に合わせて一冊の書物に編まれ、無我山房より発刊された。ちなみに、筆者の手元の一九二四年（大正十三）九月十日付発行の同書は、一七版を数え、最近では、一九八一年（昭和五十六）八月に第一刷が出版された講談社学術文庫版の同書は、一九九八年（平成十）九月には、二一五版を重ねている。

この暁烏の『歎異鈔講話』は、「『歎異抄』が、浄土真宗中興の祖といわれる蓮如によって、誤解を招きやすい危険な書として封印されたような状態にあったのを、公開し、論求し、本願他力の大慈悲に誰しもがあずかりうるという確信を人びとに伝えた、その開示の書」(3)という具合に、近代への『歎異抄』復権と、近代への親鸞の再生とを果たし得た書として、しばしば積極的に評価されている。

だが、本章のねらいは、暁烏の『歎異抄』解釈について、同様の評価をくりかえし行うことではない。本章では、近代における『歎異抄』の発見の意味を、近代への親鸞再生の意義から論じることや、親鸞への信仰形成との関係で論じることはしない。そうではなく、『歎異抄』が独特の解釈をなされながら近代に再生させられてくるその場面をこそ問題にしたい。その場面とは、『歎異抄』解釈を通じて親鸞とその教義に出会う言説が、近代に社会的言説として生成されていくそのさまである。これに注目しつつ、そのような言説の自明さを見つめ直し、その生成過程に内包する問題を考えたい。

そこで、早速に暁烏の「『歎異鈔』を読む」を見てみたい。その連載第一回の冒頭は、次のような暁烏の言辞から書き始められる。

私をして他力の信仰に導いた書物の一つが、この『歎異鈔』である。私をして弥陀の本願に帰せしめた書物の一つが、この『歎異鈔』である。又私をして親鸞聖人の渇仰者たらしめた書物の一つが、この『歎異鈔』である。／私が今日でも、悲しい事のある時、苦しい事のある時、心の鬱する事のある時には必らず、この書を取り出だして読むのである。故に私には、この『歎異鈔』一部が、如来の御声ときこえるのである。(4)

この暁烏の『歎異抄』への思い入れを語るモノローグには、彼の『歎異抄』解釈の仕方が暗示されている。つまり、暁烏にとって『歎異抄』というテクストとは、自ら語るように彼自身の信仰獲得の拠り所であったのであり、それは同時に、『歎異抄』が、「近代」の洗礼を受けた真宗僧の自己認識の拠り所であったことをも暗示している。したがって、近代の『歎異抄』解釈である暁烏の「『歎異鈔』を読む」は、そのようなテクストとして読み直される必要があるのである。そして、加えて、雑誌『精神界』を通してのその解釈の公開は、浩々洞の「精神主義」唱導という目的を内包していた点も、併せて考えなくてはならないだろう。

一　宗学の革新――その性格

暁烏の『歎異鈔講話』「例言」によれば、彼に『歎異抄』の精読を勧めたのは「故清沢先生」であった。[5]その清沢は、一八九六年（明治二十九）から翌年にかけて宗門革新運動を首唱し、寺務当局を批判したのであるが、革新の論点は、内事不粛・財政紊乱・教学不振の三点であり、その中で本章の趣旨から注目すべきは、第三点目に関わる「宗学」のあり方についての清沢をはじめとする革新運動者たちの見解である。[6]それは、革新運動に抗して作られた伝統宗学者の学閥「貫練会」の設立趣意書中の次のような内容に対して出されたものである。

夫れ一宗の興廃百般の事務多途ありと雖ども此を要するに宗義安心より先なるものなし……此に於て古を仰ぎ今に俯し恭しく師資相承の釈義に依り先哲伝授の指誨に従ひ苟も自己の臆断を雑へず真偽を決判し邪正を赫明し以て自他出離の一大事を謬らざらん事を専ら急務とする也。[7]

これによれば、目下「一宗」にとって最も重要なのは、「宗義安心」すなわち宗派の教義と、あるべき信心に関する事であり、そのためには、「師資相承の釈義」「先哲伝授の指誨」を大事にし、「自己の臆断を雑へ」ないようにすることが「急務」だというのである。清沢ら革新運動者たちの批判は、「宗学」者のこのような正統性を護持せんとする趣意へと突き付けられたのである。革新運動の機関誌『教界時言』第一二号巻頭の「社説」では、次のように述べられている。

夫れ宗義と宗学とは截然其区別あり、……宗義は宗祖の建立に係り宗学は末学の討究に成る、故に宗義は一定不易ならざる可らずと雖ども、宗学は発達変遷あるを妨げず、……宗学なるものは此宗義を学問の方面より討究するものにして、其解釈の深浅優劣如何に拘はらず、均しく末学の私見たるに過ぎざるなり、香月院深励師の該博精緻を以てするも、円乗院宣明師の深邃明確を以てするも、亦各宗学上の一家見たるに外ならず。……真宗の徒たると否との分る、所は、宗義其物を信奉すると否とに在り、宗学上の学轍を遵守すると否とに在らざるなり、……故に深励師の学轍に遵はざるも、真宗の徒たるに妨なく、宣明師の学轍に遵はざるも真宗の徒たるに妨なく、挙て先輩の所説に反するも、決して真宗の徒たるに妨無きなり(8)。

貫練会が、「師資相承の釈義」「先哲伝授の指誨」、つまり学轍を最重要視し、その伝統に宗義の不変を見出すのに対して、宗義と宗学とを明確に分けるのである。前者は宗祖親鸞の教義を意味し、それは「一定不易」なものであり、それへの信奉は「真宗の徒」の根本的条件として重視される。しかし、他方の宗学は、たとえ香月院深励の学轍であろうと「宗学上の一家見たるに外ならず」とその権威の絶対性は否定される。革新運動諸氏は、いかなる宗学上の見解であれ、しょせんは一つの解釈にすぎないと言い、その上で、「宗学の境界に於ては討究上充分の自由を与へ、決して束縛を加ふべきものに非らざるなり(9)」と、いわば解釈の自由を主張したのである。

江戸時代、東本願寺派では、末寺僧侶の修学機関として学寮を置いた。一七九四年（寛政六）に香月院深励が第五代講師に着任し、途中休職期間を含むが、一八一七年（文化十四）にかけて、学寮の最高責任者を勤めた。（一七五五年〈宝暦五〉以降「高倉学寮」と称する）の最高責任者を勤めた。円乗院宣明はその第六代であった。学寮には、講師・嗣講・擬講・寮司・擬寮司という具合に学階が敷かれており、宗門教学は、学頭の講師、そして嗣講・擬講の三講者を中心として指導されていた。このような学寮は、教権の確立機関として権威を有し、一轍相承を厳守したのであった(10)。すなわち、江戸の教学とはこうした強固な集権的制度のもとに成立していたのであり、としてみれば、清沢ら革新運動者たちの主張は、そうした伝統的制度への反発として見ることができよう。

むろん、教学の伝統に抗する清沢らの主張は、スキャンダラスなものであり、一連の革新運動の責任を問われた革新運動者たちは除名処分を受け、急進に過ぎた運動は挫折する。また当時、真宗大学の学生であった暁烏も運動に同調し、ほかの学生たちとともに退学処分を受けている。そして、その三年後、清沢、暁烏らは浩々洞を結成する。彼らは、機関誌『精神界』を発行し、いわゆる「精神主義」を提唱し始める。

ところで、暁烏はその『精神界』連載の「『歎異鈔』を読む」で、江戸宗学における「たのむ」の解釈をめぐる議論を取り上げ、次のように指摘する。(11)

或る宗乗学者は、親鸞聖人は信ぜよの御勧め、蓮如上人はたのめの教え、信ずるは受ける相、たのむは向ふ姿と、弁別をつけて論じて居りますが、敢てそうにも限りませぬ。……言葉の上や文句の上で彼此詮索だてをするからいろ〳〵煩瑣な議論も出て来るのですが……(12)

また、その「『歎異鈔』を読む」最終稿においては、

今日の宗教部内の学者達でも、互に議論問答する時には、聖教の文を自分の好きなやうに見て、勝手次第に、……自讃毀他の道具に使ふて居る人を往々見受くる事がある。之等は皆あさましい事である、慨嘆すべきことである。教権をかりま《(ママ)》はして居る人々に知らず知らずこの弊に陥つて居る人がないでもないやうである。文は学者の識見によつて、其の意義がかわるとも聞いて居るから、自分が親鸞聖人の仰の意はかやうであると思ふて居ても、他の人はそうではないといふも知れぬ。(13)

と指摘し、宗学者の「識見」による「聖教」解釈の危うさについて暁烏は認めている。そして、ここ

で注意すべきなのは、「聖教」解釈をする学者たちについて、暁烏が、その「教権」に着眼していることである。このような、宗学者を批判しながら、自らの信仰の立場を明確にする暁烏の言辞を、さきほどの註(12)『精神界』第四巻第一〇号からの引用部分の続きに見てみよう。

学者と云ふものは何事にも理屈をつけ、区別をたてたがるものであるが、宗教上の信仰は殆んど之と反対の傾向を示して居る。宗教上の安心は仏と我との一致である。……他力をたのむと云ふも、本願を信ずると云ふも、要するに如来の御慈悲にうちあかさるゝと云ふより外はありませぬ。(14)

と、「宗教上の安心」を「仏と我との一致」に見出し、宗学者とは立場が相容れないとし、「たのむ」も「信ずる」も、「如来の御慈悲にうちあかさるゝと云ふより外は」ないと、自らの信仰の立場を明確にする。さらに、このような自らの「聖教」解釈への立場を表明した暁烏は、「たのみ心がわからぬと心配する人」に向けて、宗学者が「たのむ」について講釈する「すがりまかす、たのみちから、こひもとむる」という三つの心の状態について、実際に「自己の信仰の経験から表白的に註解を加へ」てみせるのである。少々長いが引用する。

他力をたのんだ人の内心の状態を聞いて、自分の他力をたのむ道に出る栞とせられたならばよろしいと思ひます。で、私は茲に煩を厭はずして、すがりまかす、たのみちから、こひもとむると云ふ事を自己の信仰の経験から表白的に註解を加へて見たいと思ひます。／私共が浮世の波にたゞよはされて、あちらにつきあたりこちらにつきあたり、闇の夜、茨の叢を行く如く、煩悶苦悩に沈んで居る時に、苦ある者は来れ、罪ある者は来れ、我汝等を救はむ、我は汝等の保護者たらん、責任を我にまかせよ、浄土は汝の為めに建てられたり、たゞこの理によれ、念仏即ち南無阿弥陀仏は汝の安住所たらんとの、勅命を聞いた。此時闇夜に提灯を得たと云ふてよかろうか、旅にして親に逢ふたと云へばよかろうか、たゞ、あたゝかい綿に包まるゝやうな心地になつて、如来の御袖にすがり、罪もまかし、苦もまかし、命もまかし、身もまかし、過去と現在と未来との総てをまかし、心軽うなつて、雲間を翔けるやうな開濶な思いになられます、……此の味はひが、すがりまかすと云ふ事になるのであります[15]。

ここには、宗学者の解釈に抗する暁烏が、「自己の信仰の経験」を「表白」しながら、読者を他力をたのむ信仰へと誘おうとする、いかにもあからさまな語り口がある。彼はわざわざ「表白的な註解」をしてみせるのだ。そして、これが、彼の「聖教」解釈の特徴的なあり方である。

「告白は弱々しい構えのなかで、「主体」たること、つまり支配することを狙っている」。「言文一致」という制度が、告白される内面を形成したとする柄谷行人は、同時に「告白」をも一つの制度と捉え、それを支えているのは「敗北者のねじまげられたもう一つの権力意志」であると鋭く指摘した。また、柄谷は、「告白という形式、あるいは告白という制度が、告白されるべき内面、あるいは「真の自己」なるものを産出する」とし、いわゆる「近代的自我の確立」の自明性を否定した[16]。暁烏のテクストは、おびただしい量の「告白」調の言説に満ちており、この柄谷の指摘に示唆を受けるなら、我々は、暁烏が「表白的に註解」をしながら産出する「内面」の描写の場面には、つまりその信仰の「告白」調の解釈には、江戸宗学者の学轍という権威を支える教学制度への、制度的な対抗の意味をこそ見出すべきであろう。すなわち、暁烏が『歎異抄』の解釈を通じてする「精神主義」の言説は、

「近代的自我の確立」をいかにも自明なものとし、そこに近代的信仰の確立を読み出すという転倒した読解を施すのではなく、江戸時代の宗学という制度との教学信仰のありようをめぐる、まさに対抗の言説として把握されなくてはならないであろう。暁烏は、宗学者たちがもつ教学への権威を問題化したのであり、すなわち、浩々洞の「精神主義」の同志たちの立場とはこのようなものであったことを確認しておきたい。学者の権威を否定しながらも、しかし、別なる「唯一の権威」から免れ得ぬ暁烏の語りを見逃してはなるまい。

他力の宗門内では学問は無価値である。学んだものも学ばん者も共に、念仏によるより外はない。僧侶にでも信徒にでも若し権威なるものこれあらば、信仰が唯一の権威である。……親鸞聖人の家風を伝ふる宗旨のなかにあつて、学師だの講師だのと云ふ学位風な名をこしらへて学者を優遇するのは……滑稽を演じて居るのではなかろうか。(17)

以上、「精神主義」の立場を確認した。しかし、我々は彼らが抗した江戸時代の宗学者の「聖教」解釈をいまだ具体的に見ていない。次節では、その特徴を明確にしておきたい。

二　江戸宗学——学轍の語り

江戸時代、『歎異抄』は、刊本として、京都誓願寺の円智による注釈本『歎異抄私記』(一六六二年〈寛文二〉か。以下、『私記』と略記)のほか、元禄四年本(一六九一年〈元禄四〉)、『首書歎異抄』(注釈本。一七〇一年〈元禄十四〉刊。以下、『首書』と略記)、真宗法要本(一七六五年〈明和二〉)、真宗仮名聖教本（一八一四年〈文化十一〉）が刊行されており、また、東西両本願寺派で講釈もなされている。[18]今、東本願寺についてみれば、『真宗大学寮講義年鑑[19]』によると、高倉学寮の安居[20]では、一八〇三年（享和三）秋講で寮司法意が最初で、一八一九年（文政二）秋講で擬講恵劔、一八三五年（天保六）秋講で擬講円龍、一八四八年（嘉永元）秋講で擬講僧叡と計四回、講義がなされている。

香月院深励などの講師は、学寮の安居期以外は、自坊で講席をもうけたり、地方の別院などで布教したが、たとえば、深励が、一八〇一年（享和元）に富山の永福寺で『歎異抄』を講釈した際の筆録写本『歎異鈔聞書[21]』上巻によれば、その冒頭に『歎異抄』について、

此鈔ハ是迄講説ヲイタスコトモナシ、又京都ノ講堂ニ於テ講本ニ仰セ付ラレタコトモナケレハ、別ニ考タコトモナケレトモ、今皆副講ニ御望ミノコト故ニ、少々先輩ヨリ承リ伝ヘタコトモアレハ、ソレヲ法リ手本トシテ講説ニ及フナリ。

とある。当時、京都の学寮においては、『歎異抄』が講釈されていなかったようである。そして、この永福寺の講席では、経緯はわからないが、自ら選んでではなく周囲に望まれて『歎異抄』を講釈したことがうかがえる。また、その際、「先輩ヨリ承リ伝ヘタコトモアレハ、ソレヲ法リ手本トシテ講説」するとしている。この「先輩」の「手本」は、講釈の内容から、先に挙げた円智の『私記』『首書』などとわかる。

また、江戸時代の『歎異抄』の注釈書は、この『私記』が最初とされるが[22]、『歎異抄』講釈の講者、場所などの詳細は不明である。ただ、概して、種々の講釈の筆録や注釈書自体は、写本として流布したことが考えられる。たとえば、深励の『歎異抄』講釈については、その筆録の写本として先ほど挙

げた『歎異鈔聞書』のほかに『歎異鈔聴記』[23]『歎異鈔筆記』[24]などが現存している。深励には門下生千二百人余が師事したとされ、そして宗門は、一門一轍が原則であったから、深励の『歎異抄』講釈は、江戸宗学において一つの規範をなしたと言っても過言ではない。

近代になって、最初に書物として刊行された『歎異抄』の注釈本に、一八九九年（明治三十二）護法館発行の「香月院深励講師述」『歎異鈔講義』がある。これは、嗣講石川了因（深励の門人妙音院了祥〈一七八八～一八四二〉に師事し、一九〇七年〈明治四十〉講師となる）が香月院深励の数本の筆録を校閲編集したもので、その序文には、深励の筆録と大旨が違わないことを記している。[25]この護法館版『歎異鈔講義』は深励の『歎異抄』講釈の近代への再生を意味するのであり、同書を手にした暁烏にとって、それは過去なる江戸宗学ではなく、いわば内なる他者としての江戸宗学との直面を意味しただろう。[26]

さて、本章の趣旨から重要なのは、この江戸時代の宗学者がする『歎異抄』解釈の特徴を確認することである。その意味で、とくに学寮講師香月院深励の講釈を、江戸宗学の代表格とみなし、彼の『歎異抄』講釈を、手元にある筆録写本では最も古い『歎異鈔聞書』（一八〇一年〈享和元〉講、一八〇四年〈文化元〉書写本）を参照しつつ、その特徴をみてみたい。[27]そこで、ここでは、「善人なをもて往生をとぐ、いはんや悪人をや」の一文で始まることで知られる『歎異抄』第三条について取り上げたい。たとえば、深励はこの一文について次のように講釈している。

ナヲト云フ字ハ、私記（『私記』…引用者）ニ猶字ヲカクトイヘトモ、アノ猶字ヲカク時ハ、マタト云事ナリ。ソレテハ此意ニ合ヌ。是ハ文字テカケハ尚字ヲカキテ、尚ハスラナヲト云時ノナ

ヲ也。今此カソレナリ。善人スラナヲモテ往生ヲトク況ヤ悪人ヲヤ。況ヤトハマシテイハンヤ。(28)

深励は、先行する注釈書『私記』を参照しながら、「ナヲ」という副詞に当たる漢字が『私記』に注釈される「猶」ではなくて「スラナヲ」の「尚」であると自釈を講じ、また、「況ヤ」が「マシテイハンヤ」の意味であると字義を講じている。ここからは、深励が従来の注釈書に対し、その立場から新たな講釈をも加えていることがうかがえる。また、この一文についての同じく先行する「頭書」(『首書』…引用者)の注釈について、「竜樹菩薩天《(親)》雑菩薩ノヤウナ善人テサヘ往生ヲトク況ヤ悪人ハ往生ヲトク。ソレラ善人尚モテ往生ヲトク、況ヤ悪人ヲヤト被仰タトミル」と押さえながら、「ソレテハ此文カタ、往生ヲ御勧ナサレタコトニナル。是ハソウテハナヒハヅ(29)」と、その注釈内容に同意せぬ旨を述べ、以下のように、この一文の本意を講釈している。

> ワヅカナ仮名聖教テモ前後ノ文ヲミネハ解サレヌ。此御言ハ次ニ御釈カアリ。其次ノ御ノ意テミレハ、善人尚モテ往生ヲトク況ヤ悪人ヲヤト被レ仰タハ、スヘテ善人ハ最初他力ニ帰セヌ、先キハ自力テ善根ヲ修タ人ハ、弥陀ノ本願ノ正機《(ママ)》ニ乖ク。其弥陀ノ本願ノ正意ニ乖タ人モ他力ニ帰スレハ往生ヲトク。況ヤ悪人ハ弥陀ノ御目当故ニ、往生ヲスルナリトアル事、タトヘハ悪人ハ弥陀ノ本願ノ正客ノ如ク、善人ハ御相伴ノ如ク、善人ノ御相伴サヘ往生スルモノ正客ノ悪人カ往生セス《(ママ)》道理ハナヒ。是カ此抄ノ誡疑ノ御教化ナリ(30)。

深励は、同条内の「自力作善のひとは、ひとへに他力をたのむこゝろかけたるあひだ、弥陀の本願にあらず。しかれども、自力のこゝろをひるがへして、他力をたのみたてまつれば、真実報土の往生をとぐるなり」との親鸞の「御釈」の部分に、そこに使われる自力、他力、善人、悪人、往生、弥陀、本願などの浄土教の往生観を構成する諸概念を用いながらさらに解釈を加え、「御ノ意」を自ら読み出してみせるのである。いわば、深励の『歎異抄』解釈の特徴とは、こうした浄土教の諸概念を解釈コードとして、親鸞の「御ノ意」に適うように、『歎異抄』の言辞を解釈的に読み出すことにある。[31]

また、冒頭の一文の続きの「しかるを世のひとつねにいはく、悪人なを往生す、いかにいはんや善人をやと。この条、一旦そのいはれあるににたれども、本願他力の意趣にそむけり」という、親鸞が「世人ノ言」を批判した箇所の「一旦そのいはれあるににたれども、本願他力の意趣にそむけり」について、深励は次のように講釈する。

一旦トハ一往ト云ト同事ナリ。イハレアルトハ道理アルト云事ナリ。……本願他力ノ意趣ニソムケリ等トハ一往ハ道理アルヤウナレトモ此世人ノ言ハ弥陀ノ本願ノ悪人ヲ本トシ玉フ意趣ニソムケリ。意趣ハ思召ノコトナリ。時此世人ノ言トハ私（和）語灯録四十一左ニ黒由（田）ノ聖人ヘツカハス元祖ノ御文ニ、罪ヲハ十悪五逆ノ者ナヲ生スルト信シテ小罪ヲモヲカサシト思フベシ、罪人ナヲ生ル何況ヤ善人ヲヤ（ママ）」是テハ祖師聖人、元祖ノ御言ヲ御挙テ破スヤウニミヘルカイカニト云ニ、……是ハ本願ホコリノ邪見ヲ御誡メナサレルナリ。十悪モ生ルト云ヘハトテ必ス小罪モヲカスナト被仰ナリ。……元祖一代ノ御教化ニハ悪人正機ノ本願ヲ勧メ玉フコトモアリ、本願ホコリノ邪見ニ落入ヌヤウニ御教化ナサル事モアリ。機ニ対シテイロ〳〵ニ御教化カアリ。……元祖ノ御言ヲ挙テ破シ玉フ筈ハナヒ。[32]

深励は、「一旦」「イハレアル」「意趣」の語義的な講釈を示す。さらに、親鸞が否定する「世人ノ言」と同意の「罪人ナヲ生ル何況ヤ善人ヲヤ」という源空（法然）の言葉が、その門人黒田聖人への書状に見られるという点をめぐって講釈はなされる。

実は、この箇所は、別の写本『歎異鈔聴記』によれば、「是テハ吾祖、元祖ノ御言ヲ破シ玉フニナルイカン。答云、言同意別也」と筆記されており、聴講者からの質問に答えたものとなっている。これは、講釈の情景を伝えて興味深いが、この聴講者からの問いに対して、深励は、それは源空が「本願ホコリ」を戒めるための「機ニ対シテ」の言であると講釈する。深励は、あくまで親鸞が「元祖ノ御言ヲ挙テ破シ玉フ筈ハナヒ」という立場から源空と親鸞との相承性にこだわるのである。

ところで、筆録写本は、あくまで聴講者の筆録がもとであり、筆録は深励の言葉通りが写されているわけではないだろう。たとえば、『歎異鈔聴記』では、今の「元祖ノ御言ヲ挙テ破シ玉フ筈ハナヒ」が、「元祖ヲ破スルニアラス」と書写されている。しかし、この書写本の若干の相違に見出すべきことは、「本当」の講釈がどうであったかではなく、講釈がどのように聴講者に理解されたかという、あるいは、書写する受け手の側の具体的な姿のあり方であろう。この箇所の場合、「破シ玉フ筈ハナヒ」と「破スルニアラス」の書写の相違が、どの書写の段階で生じたかその詳細は不明である。しかし、ほかの写本の同箇所でも、親鸞が源空を破したのではないという旨が筆写されており、本章で重要なのは最低限度、深励が源空と親鸞との相承性にこだわりながら講釈したことを、確認することである。

このことを念頭に置きながら、さらに、同条の続きの「煩悩具足のわれらは、いづれの行にても生死をはなる丶ことあるべからざるをあはれみたまひて、願をこしたまふ本意、悪人成仏のためなれば」に、「悪人往生」ではなく「悪人成仏」とあることについての深励の講釈をみれば、

悪人往生トアルヘキニ、悪人成仏トハイカニト云ニ、真実報土ノ往生ハ即成仏ナリ。論註ニ、彼仏土往生即成仏等トアリ。(33)

とある。親鸞が真宗相承の七高僧の祖師の一人に数えた曇鸞の『浄土論註』の一節に、いわば、親鸞の「御ノ意」が預けられて講釈されるのである。このように『歎異抄』講釈に用いられるテクストは、ほかには、やはり、七高僧の道綽の『安楽集』、源信『往生要集』、源空『和語灯録』(語録)・同『選択本願念仏集』、そして親鸞『教行信証』・同『正像末和讃』、覚如『口伝鈔』、存覚『六要鈔』・同『報恩記』、蓮如『御文』などがある。つまり、真宗に関係する祖師たちのこのような聖教に戻りつつ、そして相承性にこだわりながら『歎異抄』は講釈されるのである。深励の『歎異抄』講釈とは、このような「聖教」というテクストとの間を取り結びつつ、聖教に『歎異抄』の内容について語らせながら行うものであったと言っても過言ではあるまい。そして、この取り結びは、講者というある特定の権威をもつものだけに許された行為なのであり、聴講者たちは、それを暗黙の了解として講釈を聴くことになる。

今、深励の『歎異抄』講釈の筆録写本をほかの二本と較べてみる。先ほど取り上げた『歎異抄』第三条の「しかるを世のひとつねにいはく、悪人なを往生す、いかにいはんや善人をやと。この条、一旦そのいはれあるににたれども、本願他力の意趣にそむけり」と同箇所のほかの筆録写本を見てみたい。

まず、『歎異鈔聴記』では次のようである。

一旦ハ一往ト云ニ同シ。此世人ノ言ハ一往其道理アルニ似タリト云〿此意ハタスケカタキ悪人サヘ助カル況ヤ助ケ安キ善人ナヲ助ルナリ。故ニ今一旦トノ玉フナリ。一往道理トアレトモ是弥陀ノ本願悪人正機ノ本意ニ背ケリ。時ニ此世人ノ言ハト云ハ、和語灯四十二丁黒田ノ聖人ヘツカハス御文云、罪人ナヲ生ル何況ヤ善人ヲヤト。是今ノ言ト同シ。是テハ吾祖元祖ノ御言ヲ破シ玉フニナルイカン。答云、言同意別也。元祖ハ本願ホコリノ邪見ノ人ヲ誡メ玉フコトハナリ。……元祖悪人ハ往生ナラヌト思フ人ニハ本願ノ正機ノ御勧メモアリ。其機々ニ対シテノ御教化ナリ。……元祖ヲ破スルニアラス。(34)

次に、『歎異鈔筆記』の同箇所は次のようである。

○一旦ハ一往ニ同シ。○イハレアル、道理ノアルト云ヿ世人ノ言モ、一旦道理アルニ似タリ。コヽロハ助リカタキ悪人サヘ生ス、況ヤ善人ヲヤト云フカ、一応道理アルニ似タレトモ、悪人本機ノ願意ニ背クユヘ、一旦等ト云。意趣ハ御本意ト思召也。問云此世人ト云ヘル、和灯四十一左元祖聖人ヨリ、黒田上人ヘ遣ルヽ御文云、罪ヲハ十悪五逆ノモノ、ナヲ生ルト信シテ、小罪ヲモオカサシト思フヘシ、罪人ナヲ生ル何ニ況ヤ善人ヲヤ文。今悪人ナヲ等ト云ハ和灯ノ祖言ニアタルニ非ヤ。謂ク研究セスンハアルヘカラス。和灯ノ御言ト、今世人ノ言ト相似テ意格別也。……本願ホコリノ、邪見ヲ誡メテ、勧善懲悪ノスヽメ也。……元祖亦機ニ対シテ種々教ヲ降ス、……敢テ元祖ノ言ヲ上テ破ルニアラス。(35)

各筆録写本の類似性は明白であろう。(36) 以上のように、一門一轍を原則とする江戸真宗宗学は、学寮をはじめ講席の場という、文字通り閉じられた言説空間の中で、特権的な語り手によって講釈された。それは聴講者である僧侶たちによって筆記され、維持かつ再生産される。むろんそこには、筆録写本ゆえのぶれが存在している。そして、そのぶれは、宗学の権威の許容範囲にある限りは黙認されたのだろう。

真宗の学轍は、このような形態を取りつつ、講師の権威に保たれながら、また講師によって新たな解釈を加えられて、このように維持かつ再生産されたのだ[37]。そして、江戸宗学において生ずる異安心問題とは、このような宗義の正統を守らんとする学寮の権威、さらにはその背景をなす法主の権威との関係の中で生じたものであった[38]。

三　権威創出の語り——暁烏敏と『歎異抄』

以上のような香月院深励の『歎異抄』講釈の特徴を確認した上で、ここで再度、暁烏の「『歎異鈔』を読む」連載第一回の冒頭の語りを見てみよう。

> 私をして他力の信仰に導いた書物の一つが、この『歎異鈔』である。私をして弥陀の本願に帰せしめた書物の一つが、この『歎異鈔』である。又私をして親鸞聖人の渇仰者たらしめた書物の一つが、この『歎異鈔』である。／私が今日でも、悲しい事のある時、苦しい事のある時、心の鬱する事のある時には必らず、この書を取り出して読むのである。故に私には、この『歎異鈔』一部が、如来の御声ときこえるのである[39]。

暁烏はまず、『歎異抄』が彼自身にとってどれほど重要なテクストであるかを語る。すなわち、他力信仰の獲得、弥陀の本願への帰入、親鸞聖人への渇仰のきっかけが、この『歎異抄』であったと語るのである。さらに、暁烏は、悲しいとき、苦しいとき、心の鬱するとき、『歎異抄』を必ず読み、京都に来るたびに「大谷の御本廟に参詣して、本鈔を拝読し、時には泣きくづをれて喜んだ」と已れを赤裸々に語り、さらには『歎異抄』に「如来の御声」を聞くと語る[40]。『歎異鈔講話』とは、このような暁烏の「その折々の感銘記[41]」としてあるのだ。

暁烏の『歎異鈔講話』は、このような彼と『歎異抄』との積極的な結びつきを語ることから始まる。そして、「泣きくづをれて喜」びながら『歎異抄』を読む方法が、講師深励がした講釈的な読み方と、およそ違うことは言うまでもない。

また、暁烏は、『歎異抄』の解釈の仕方について次のように表明している。

> 私は普通一般の古来の学者が、この『嘆《ママ》異鈔』を恐ろしながら、一分弁護的に解釈したやうなことはしない積りである。否この文字より一層極端に他力の信仰を讃嘆せんとは私の目的である[42]。
>
> 学者と云ふものは何事にも理屈をつけ、区別をたてたがるものであるが、宗教上の信仰は殆んど之と反対の傾向を示して居る。宗教上の安心は仏と我との一致である。已に仏と我と一致であるとすれば、親鸞聖人と蓮如上人との上に信ずるとたのむとか、とやかく弁別をつける必要がない。……信心の相とは、如来と我との関係を心の上に味ふたものである。如来と我との関係を検べて見ると、我は救ひを求めて如来に向ふて居るのである、如来亦我を救はんとして我に向ひつゝあるのである[43]。

改めて言えば、暁烏は、『歎異抄』を「恐ろしながら」読み、また「何事にも理屈をつけ、区別をたてたがる」宗学者の解釈態度に批判的である。対して彼は、「一層極端に他力の信仰を讃嘆」することを目的として『歎異抄』を読むと語る。また「宗教上の安心」とは「仏と我との一致」を言うのであり、それは宗学者の解釈態度とは反対の傾向のものだと言う。すなわち、暁烏は、宗学者が親鸞の「信ずる」と蓮如の「たのむ」をめぐってする、信仰の受動・能動論に対して否定的である。その上で「仏と我との一致」を「宗教上の安心」とする暁烏にとって、「信心の相」とは、「如来」と「我」との向かい合った関係を「心の上」に味わうような、「如来」と「我」との関係的なあり方だと語るのだ。暁烏の信仰の世界とは、まさにモノローグである。(44)

ここには、近世以来の「信心の相」についての「たのむ」をめぐる受動・能動論として信仰の問題を問うことを否定し、「我」の心の中に「如来」を実感として確かめる試みを、暁烏が信仰の問題として模索したことがうかがえる。(45) そして、このような暁烏の解釈的自覚からなされるのは、たとえば、前節で触れた第三条の「煩悩具足のわれらは、いづれの行にても生死をはなるゝことあるべからざるをあはれみたまひて、願をこしたまふ本意、悪人成仏のためなれば」という一節についてみれば、以下のような解釈である。少々長くなるが引用する。

今の一段は弥陀の本願の本意より悪人成仏の義を建立し給ふたのである。如来救世の三誓の内第二の誓に曰く、われ量りなき劫の時／大施主となりもろ〳〵の／貧窮をあまねく救はずば／誓ふ正覚をならじとぞ。（『仏説無量寿経』）

貧窮とは何ぞや、これ心霊上の貧窮也。心霊上の貧窮とはとりもなほさず、煩悩具足の我等、いづれの行にても生死の境を解脱する事のできぬ者の事である。如来因位にありて、救世の使命を感得し、大誓願を建てられた時、第一のめあてになつたのは智者にあらず善人にもあらずして、諸の貧窮即ち罪悪生死の凡夫でありました。……／経文の上より、又は道理の上より、悪人成仏、悪人正機と云ふ事を味ふて見ればかやうな次第でありますが、単にこれのみに止めておいたならば残り多い事と思はれます。故に私共はこれを自己の信仰の経験にあてはめて味ふて見ねばなりませぬ。／私は邪推の多い者であります、煩悶の多い者であります……罪悪の荆棘を前に抱き、苦悩の重荷を後に負ふて、生死巌頭によろめいて居るのは私であります。……而して智に依つて力を得んとするも智なきをいかゞせむ、……この時小なる私の小なるに気付き、生死はこれ、小なる自分の計らふべきに非ずと覚り、大なる霊なる力の此の上に働きつゝある事を信ずるに及んで、始めて他力に接し、茲に小なる自己が大なる他力に摂取せらるゝを自覚し、精神に安住を感じ、救済の観念茲に成り、かくて仏陀如来は目前に実在し給ふを拝するに至れり[46]。

このように暁烏が江戸宗学に抗しながら、『歎異抄』解釈に「自己」を告白しつつ語る言説と、深励に代表される江戸宗学の講釈の語りとの違いは、もはや歴然であろう[47]。

さらに、暁烏の江戸宗学との対峙の仕方を、具体的にみながら、その『歎異抄』解釈の特徴をみておこう。たとえば、第九条の「よろこぶべきこゝろをさへてよろこばせざるは煩悩の所為なり。しかるに仏かねてしろしめして、煩悩具足の凡夫とおほせられたることなれば、他力の悲願はかくのごときのわれらがためなりけりとしられて、いよ〳〵たのもしくおぼゆるなり」（傍点引用者）という親鸞の言辞をめぐる解釈において、清沢ら「精神主義」者が強調する「絶待（ママ）他力」による救済について次のように解釈する。

私共もよろこばれぬと悲み、歓喜踊躍の心がないと歎いて居る暇に、そのよろこばれぬ、歓喜踊躍の心のないものを御たすけ下さるゝ如来の御慈悲を細々ながらでも喜ぶやうにせねばなりませぬ。決して〳〵自分のよろこびを以て救済を信じ、よろこばれぬを以て救済を疑ふやうな自力根性に拘つてはなりませぬ。たゞ〳〵何を縁としてなりとも絶待《（ママ）》他力の広大な御慈悲によりて救済の大道に安住するやうにあらねばなりませぬ。この旨趣を、蓮如上人は実践的に左の如く述べられました。……

一。とき〴〵懈怠することあるとも、往生すまじきかとうたがひなげくものあるべし。しかれども、もはや弥陀如来をひとたびたのみまいらせて、往生決定の後なれば、懈怠多くなることの、あさましや、かゝる懈怠多くなるものなれども御たすけは治定なり、ありがたやありがたやとよろこぶこゝろを他力大行の催促なりとまふすとおほせられ候也。（『御一代記聞書』）[48]（傍点引用者）

暁烏は、「精神主義」が主張する「救済の大道に安住する」ための「絶待他力の広大な御慈悲」という他力の救済を、「ありがたやありがたやとよろこぶこゝろを他力大行の催促なり」と、実践的に解説したのが、この『御一代記聞書』の蓮如の言辞であると説明するのである。ここに暁烏が、「たゞ〳〵何を縁としてなりとも、絶待他力の広大な御慈悲によりて救済の大道に安住するやうにあらねばなりませぬ」というとき、「精神主義」を唱導する中、彼なりに『歎異抄』の親鸞の言辞を解釈しようとする営みがうかがわれる。ここで注目すべきは、暁烏が親鸞が使う「他力」を、蓮如の使う「他力」という概念に「絶対（待）」という概念を修飾させた「絶対（待）他力」という概念で、言い換えて使っていることである。すなわち、暁烏は、親鸞の『歎異抄』中の「他力」を説明するために、『御一代記聞書』に蓮如の言辞として登場する「他力」という概念に注目し、それを「精神主義」のキーワードの「絶対他力」の説明に引用し、「絶対」という概念を「他力」に加えて強調しつつ解釈したのである。

　さらに、暁烏が、「私共が先年始めて精神主義の絶待《ママ》他力信仰を天下に発表した当時殆んど嘲弄して居た朋友が、其後種々人生問題に苦しんだ結果今日では大にこの絶対他力の信仰で安慰を得て居るのが二三に止まらない[49]」と、「精神主義」を「絶待他力信仰」と見なすのを読むとき、暁烏の「絶対他力」の強調が、「精神主義」の唱導に伴いながらなされていることがわかる。すなわち、近代真宗教学の根幹をなす「絶対他力信仰」を説明するとき、たとえば暁烏によってそれは、蓮如や親鸞の「他力」という概念を再解釈することを手がかりになされたのだ。このことはまた、暁烏ら「精神主義」を唱導する者たちにとって、その「精神主義」の内実が、蓮如や親鸞の信仰と同一であることを、すなわち「精神主義」信仰の師資相承性と正統性とをいかに説得力をもって語るかが、彼らの運動を展開する上で、重要な課題であったことを自ずと物語っていよう[50]。

　江戸宗学において師資相承の語りは、先にみたように親鸞と源空の相承性、親鸞と曇鸞の相承性という具合に、講釈上では、講釈者自身の信仰を重ねては告白しない形式で語られていた。しかし、暁烏は己れの「精神主義」信仰との師資相承性を強調せんとしたのである。それは、いわば新たなる正統的信仰の権威創出の語りであると言ってもいいだろう。その際、暁烏が蓮如の聖教を解釈しながらする「精神主義」の語り出しは、江戸宗学を批判しながらも、江戸宗学にとってはもちろん、江戸時代に門徒向けの説教で最重要であった蓮如の聖教の存在を無視しえなかったことを物語っていよう。同時にそれは、近代の真宗僧暁烏の「精神主義」唱導の営みが、いわば内なる他者たる江戸宗学に規定されながら行われたものであることを意味していたとも言えよう。そして、このような暁烏がする権威創出の語りは、『精神界』の読者を彼らの信仰世界へと誘うと同時に、排除の論理を内包していた。

　『歎異鈔』は真面目に自己省察をし、厳格に自己を判断し自己の罪悪に泣く人でなければ解せられないのである。『歎異鈔』は自心を地獄の底に沈ませる程の深き洞見がなければ、味はれないのである。故に『歎異鈔』は死の問題に驚いた人、事に失敗して失意の境にある人、倫理的罪悪に苦む人でなければ味ふ事ができぬのである。之と同じく私共の精神主義もそうである。(51)

　哲理を求むる者は我等に来る勿れ、法門を求むる者は我等に来る勿れ。若し夫れ私共と共に信仰を語らふと思ふ人があつたならば、わけなしに慈悲の仏の存在を信じて安心の日を送つて下さい。教理が何の、歴史が何の、経が何の、論が何のと六かしい学問沙汰は智識のある方の御仕事に御まかせをして私共は愚鈍の心に慈悲の仏を信じ、信仰の光明に安慰を得て行かうではありませんか。(52)

雑誌『精神界』というメディアを通じて、「精神主義」は宣揚される。しかし、その信仰世界に読者のすべてが誘われているのではない。「真面目に自己省察をし、厳格に自己を判断し自己の罪悪に泣」けない者、つまり暁烏のモノローグに付き合えない者は「来る勿れ」と言われるのだ。一見すると開かれた語りは、同時に「自己省察」を読者に強制する言説である。そして、それができない者に対しては、お前は来るなと言われるのだ。[53]

暁烏は、自らが特権的な語り手であることを自白したのである。同時にそれは、新たなる「精神主義」という他力信仰の権威創出の語りを含んでいたのである。彼がほどなく、恩寵主義という信仰者が陥る閉塞にと直面する事実が、それを暗示しているように思う。

四　自己認識のモノローグ

『歎異鈔』に書いてある事がたとひ、歴史上の親鸞聖人の意見でないにしたところが、そんなことはどうでもよい。若し歴史上の親鸞聖人が、『歎異鈔』のやうな意見を持たなかつた人であるとすれば、私はそんな親鸞聖人には御縁がないのである、何等の関係もないのである。そうすれば私の崇拝する親鸞聖人は是非、この『歎異鈔』の通りの意見を有したる人でなければならぬ。私の渇仰する親鸞聖人はこの『歎異鈔』の人格化したる人でなければならぬ故に私の宗教の開祖としての親鸞聖人は確に、この『歎異鈔』と同じ意見を有した人であるに違ひない。[54]

明治時代、国史学研究興隆のもと、歴史上の親鸞の存在が疑問視されていた中、[55]暁烏は「私の崇拝する親鸞は歴史的存在としての親鸞を、意識的に『歎異抄』の解釈から除外する。そして、暁烏は、「私の崇拝する親鸞聖人」とは、『歎異抄』の親鸞と同じ意見をもった人でなくてはならないと語るのである。(補参照)つまり、『歎異抄』中の「親鸞」が、「人格化」された親鸞だけが、暁烏が崇拝すべき親鸞だというのだ。

ここに語られているのは、暁烏にとって崇拝すべき親鸞とは何者かということであり、それは『歎異抄』から読み出される以外にない親鸞なのである。この暁烏の語りからは、ほかの誰でもなく彼自身の救いを求めて、『歎異抄』から親鸞を読み出そうとする、そのような暁烏の「私の崇拝する親鸞」への強烈な執着が感じられよう。

さらに、暁烏の『歎異抄』への思い入れの語りを見てみよう。

私の唯一の友はこの『歎異鈔』である。若し夫れ、この『歎異鈔』を有するが為めに、他の書物を捨てねばならぬやうなことがあれば、私はこの『歎異鈔』一部のために他の総ての書籍を捨てゝも惜しくはないのである。私は思ふ、日本で書かれた書物の中で、世界に示して大に光明ある書物はこの『歎異鈔』である。故にこの『歎異鈔』は真宗信徒のみの私すべき聖典ではない、日本国民のみの私すべき聖典ではない、私は遠からざる年の内に、この『歎異鈔』が世界全国の民に安慰と指導とを与ふるであらうと云ふことは信じて疑はない。(56)

「念仏者は無碍の一道なり」、……私はこの一語あるのみにても『歎異鈔』を以て世界最大の聖書とあるを信ずるのであります。(57)

暁烏は、『歎異抄』が彼にとって必携のテクストであり、また「日本で書かれた書物の中で、世界に示して大に光明ある書物」、いわば「世界最大の聖書」であり、それが「世界全国の民に安慰と指導とを与ふる」ことを確信すると語るのだ。

暁烏の『歎異抄』への思い入れは、これほどに極端にまで語られ、またそれは「私は生れてこの

『歎異抄』を自国の国語を以て読み得る日本国人は大なる幸福であると思ひます[58]」というナショナリズムの語りをも伴い、そしてその語りは世界的教導の可能性を説くのである。暁烏は、『歎異抄』をもって、「日本国人」としての優越感を「世界」に表明し、かつ『歎異抄』による世界的教導を信じて疑わないと語るのだ。ただ、この暁烏一己の信仰獲得のモノローグは、その後の彼の発言を見るにつけ、「日本国人」さらに「世界全国の民」をも巻き込みながら膨張していく危うさをも孕んでいたことは、否定できないのである。

『歎異抄』というテクストは、このように、「近代」の洗礼を受けた真宗僧であり、「日本国人」の暁烏によって、その自己認識の拠り所として発見されたのである。

おわりに――『歎異抄』と「私の親鸞」

宗門内でしかほとんど人目に触れなかった『歎異抄』が、暁烏に解釈をされながら、『精神界』を通じて公開されていくということは、彼が『歎異抄』を「世界最大の聖書」として見るがゆえの聖性を伴いながら、同時にそれは、宗門人以外の人々へ、その自由な解釈を可能にし、同時にその聖性を無化していくことにもなっていくのである[59]。

大正時代、『歎異抄』を題材にした倉田百三の戯曲『出家とその弟子』(一九一七年〈大正六〉)が、「親鸞ブーム」を起こし、後に多くの若き知識人に『歎異抄』を繙かせる契機となったことは周知の通りである[60]。

さて、倉田は、その親鸞理解をめぐって、宗門人から注文を受ける。[61] そうした反応について倉田は「『出家とその弟子』の上演について」（一九一九年〈大正八〉）という文章の中で、次のような弁明をしている。

『出家とその弟子』が此度当地で上演されることについては、私は今本当にハンブルな心持になつてゐる。……人を躓かせはしまいかと思ふ懸念と、弁解とが心の中に満ちてゐる。その事だけはどうしても書いて置かなくては気にかかるから要点だけを書かしてもらひたいと思ふ。第一に、此の作は厳密に親鸞聖人の史実に拠つたものではない。……私の書いた親鸞は、どこまでも私の親鸞である。私の心に触れ、私の内生命を動かし、私の霊の中に座を占めた限りの親鸞である。[62]

倉田は、「此の作は厳密に親鸞聖人の史実に拠つたものではない。……私の書いた親鸞は、どこまでも私の親鸞である」と弁明している。むろん、『歎異抄』から読み出された「私の親鸞」の確かさは、「私」が保証するものでしかない。そうしたモノローグとしての『歎異抄』の語り出しは、すでに暁烏の『歎異抄』解釈に確認済みである。

十九世紀、真宗僧にとってそれは、江戸宗学の時代であったと言ってよい。しかし、「近代」の洗礼を受けた真宗僧にとって江戸宗学とその権威を支える宗門とは、己れの内なる他者であっただろう。そして、真宗僧にとってこの「十九世紀」とは、「近代」というもう一つの外なる他者、すなわち、これら二つの他者との対峙の中で、「己れ」の自己認識を確立せんとした時代でもあったと言えよう。そして、十九世紀末、日清・日露戦争を体験する中で、真宗僧においても、「日本国人」として自己認識の再確認をする必要が生じただろう。

本章で取り上げた、「近代」の洗礼を受けた清沢・暁烏による真宗大谷派の宗門革新の動きに端を発する「精神主義」とは、そのような十九世紀末の「自己省察」的な営みが行き着く信仰であった。いわば、二つの他者との対峙に挟まれた彼らのまなざしは「己れ」へと向けられたのである。清沢は「自家の精神内に充足を求むる」[63]内観的信仰を「精神主義」として提唱し、暁烏は「外部から来る順逆両境の誘惑はどれほど強く共、内部から湧き来る誘惑に比すれば何でもありませぬ。……日本を亡す者は露国にあらず仏国にあらずして、日本自身である。私共を滅す者は善神にあらず悪魔にあらずして私自身にある」と「内からの誘惑に打ち勝つ」ことを課題にした[64]。

そして、その真宗僧たちの、一連の自己認識確立の営みの中で、『歎異抄』というテクストは、二つの他者の間に挟まれて煩悶する「己れ」の拠り所として発見されたのだ。その発見のされ方は、暁烏の『歎異抄』解釈の特徴に、すでに見た通りである。

だが、近代における「己れ」の自己認識の確立とは、むろん真宗僧だけの課題ではない。そうした課題を抱えた「己れ」たちの拠り所として『歎異抄』は見出され、かつ、『歎異抄』に「私の親鸞」を読み出しながら「己れ」を語るモノローグとは、このようなものとして始まったのである[65]。今なる近代の語りとして、それはあるのだ。

註

（1）『歎異抄』ほど近現代を通じて読まれた書物も少ないだろう。ちなみに、岩波文庫版『歎異抄』（金子大栄校訂）一九三一年初版の本書は、一九九六年版では、八八刷を数える。このような出会い方は、たとえば、歌人吉野秀雄（一九〇二～一九六七）の回想に典型的である。

「わたしが親鸞聖人を敬仰するに至つたのは、わが家の宗旨が門徒宗だといふ事も無関係ではないが、それよりも倉田百三の『出家とその弟子』を読んだことによつて、機縁にはかに熟したのであった。……『出家とその弟子』に刺戟されて、わたしは慶応義塾大学理財科予科生の時分に、歎異鈔をはじめて読んだ。そしてこれはわたしばかりの現象でなく、同級の友達にも同じ筋道を踏んだのが、三人も五人もゐたことを思ひ出す。

わたしの胸の中の親鸞は歎異鈔を通してだけのもので、それ以外には一つもない。……歎異鈔はよく読んだ。但し堅固な信心が身についたとはいへず、その点になると、ただただ恥かしい一方ではあるが、……またこれを講義した書物も、暁烏敏のもの、梅原真隆のもの、倉田百三のものなど、あれこれとあさり、それぞれ教へを蒙つたことはたしかだが、やがてすつかり忘れてしまったこともまたほんたうで、忘れようにも忘れられないのは歎異鈔の原文そのものに外ならず、結局岩波文庫の『歎異鈔』（金子大栄校訂）だけが、わたしの生涯の愛読書になった。歎異鈔を開いて、冒頭からの親鸞の言葉をつくづく承つていくと、目の前に髣髴として聖人の姿が浮んでくるのを常とする」（「歎異鈔を通して」〈『大世界』一九五六年一〇月号。のち『吉野秀雄全集』第五巻、筑摩書房、一九六九年、所収を参照した〉）。

（2）　一九〇一年（明治三十四）一月創刊。一九一九年（大正八）二月第二〇巻第二号で廃刊。編集・発行暁烏敏（～第一五巻第三号）。当初は、清沢満之が主幹、多田鼎が編集担当。命名は佐々木月樵の案。表紙絵は中村不折。第一六巻第九号まで、編集・発行金子大栄。以降、終号まで曾我量深。一九〇〇年（明治三十三）九月、東京本郷の清沢の宿舎に開かれた浩々洞同人、暁烏敏が、仏教の精神を広く世に訴えることを目指し、発刊を企画。毎号の発行部数は、約三千と推測されるが、確定できない。読者の多くは仏教関係者であったが、一般知識人にも広く読まれた。また、老人や青年層からの投書も散見できる。主な執筆者には、浩々洞の三羽烏と言われた多田、暁烏、佐々木のほか、近代日本への真宗教学の再生に努力した曾我、金子らがいた。創刊号巻頭には「精神主義」と題する清沢の論文が登載され、精神主義運動の機関誌となり、新仏教徒同志会が発行した雑誌『新仏教』とならび、二十世紀初頭の思想界に波紋を投げかけた。

（3）松永伍一「『歎異抄』を甦らせた名著」（『歎異抄講話』講談社学術文庫、一九八一年、四〜五頁。同様の評価を行っているものには、ほかに、福島和人『近代日本の親鸞』「第一章　暁烏敏にみる『歎異抄』の近代的再生」（法藏館、一九七三年）などがある。

（4）「『歎異鈔』を読む（其二）」（『精神界』第三巻第一号、一九〇三年〈明治三十六〉一月、四〇頁）。

（5）清沢満之は、『歎異抄』を『エピクテタス語録』と『阿含経』と合わせて「余の三部経」の一つとして重視したが、『歎異抄』の具体的な解釈は、管見ではほとんど見受けられない。近代における『歎異抄』の各条についての本格的な解釈と叙述は、やはり暁烏が最初であり、本章では、それが後世において、『歎異抄』解釈の一つの範をなしたことも考慮し、彼のテクストに注目することとした。ただし、若干、清沢の『歎異抄』解釈をみておくと、「倫理以上の安慰」（『精神界』第二巻第九号、一九〇二年〈明治三十五〉九月、二〇頁）からは、

「心を弘誓の仏地に樹て、情を難思の法海に流す」（『教行信証』「後序」…引用者）と、自己の信念を表白せられた親鸞聖人の御口から、「親鸞に於ては、善悪の二つ総じて以て存知せざるなり」（『歎異抄』「後序」…引用者）と仰せられたは、決して偶然ではありませぬ、全く自我をすて、一心を挙げて如来海中に投じた上は、凡ての事が皆如来威神力の所為となるから、是非善悪の区別は更に無く、唯威神力の活動を見るばかりである。

と『教行信証』『歎異抄』という聖教から、親鸞の「自己の信念の表白」を読み出す解釈が確認できる。このような聖教解釈の特徴は、後に見るように暁烏の解釈にも見受けられる。「精神主義」者たちの聖教解釈の方法の特徴として押さえておきたい。

（6）宗門革新運動の機関誌は、『教界時言』という。一八九六年（明治二十九）十月三十日に創刊された。その第一号（一一頁）には、「首唱者総代　今川覚神　月見覚了　稲葉昌丸　清川円誠　井上豊忠　清沢満之」との、連名で「大谷派有志に檄す」と題し、「嗚呼諸君今や革新の機既に熟せり。余輩不敏と雖も、奮て此事に従はんとす。諸君にして若余輩微衷の在る所を察し決然起て此挙を共にせば、成功固より難しに非ざる也。諸君、希くは共に奮起せられんことを。敢て檄す」との「特別寄稿」が掲載されている。なお、宗門革新運動の詳細については、教化研究所編『清沢満之の研究』（大谷派教化研究所、一九五七年）、脇本平也『評伝清沢満之』（法藏館、

一九八二年）などを参照されたい。

（7）「貫練会を論ず」（『教界時言』第一二号、一八九七年〈明治三十〉十月二十九日、一頁）。

（8）「貫練会を論ず」（『教界時言』第一二号、一八九七年〈明治三十〉十月二十九日、三〜四頁）。

（9）「貫練会を論ず」（『教界時言』第一二号、一八九七年〈明治三十〉十月二十九日、九頁）。

（10）柏原祐泉編『真宗史料集成』第一〇巻（同朋舎出版、一九八三年）「解説」参照。いわゆる説教者による門徒を聴衆とした説教と、この僧侶を対象とする学寮の三講者たちの聖教の講釈とは基本的に別である。本章の課題は、清沢たちが批判した後者に関わる。前者の問題については関山和夫『説教の歴史――仏教と話芸――』（白水社、一九九二年。一九七八年、岩波書店より出版されたものの加筆再版）を参照。

（11）柏原祐泉は、江戸真宗の異安心問題について詳細に論じながら、「近世の宗学が蓮如の『御文』を中心とする教説に多く依存したことから、蓮如が頻繁に用いた「タノム」「後生ノ一大事」「宿善・無宿善」「王法為本」などの独特の用語を、親鸞の教説に会通することが大きな課題となり、それが宗学の煩瑣化を促す主要素の一つとなった」と指摘している（「真宗における異安心の問題」〈『真宗史仏教史の研究』近世篇、平楽寺書店、一九九六年、一四三頁〉）。また、大桑斉は「江戸真宗の信仰と救済」（『江戸の思想』第一号、ぺりかん社、一九九五年、五頁）において、「江戸の真宗教学は、所与のものとしての、蓮如が「本」とした「信心」の解釈をめぐって形成され、展開したといってもよい」とし、『御文』の「タノム」をめぐる宗学上の論議の展開を論じている。

（12）「『歎異鈔』を読む（其十五）」（『精神界』第四巻第一〇号、一九〇四年〈明治三十七〉十月、二七頁）。

（13）「『歎異鈔』を読む（大尾）」（『精神界』第一一巻第一号、一九一一年〈明治四十四〉一月、九三頁）。

（14）「『歎異鈔』を読む（其十五）」（『精神界』第四巻第一〇号、一九〇四年〈明治三十七〉十月、二七頁）。

（15）「『歎異鈔』を読む（其十五）」（『精神界』第四巻第一〇号、一九〇四年〈明治三十七〉十月、二九〜三〇頁）。

（16）柄谷行人「告白という制度」（『日本近代文学の起源』、講談社、一九八〇年、八七〜一〇〇頁。なお、同書は、一九八八年に講談社文芸文庫として再刊されている）。

（17）「『歎異鈔』を読む（其三十一）」（『精神界』第六巻第七号、一九〇六年〈明治三十九〉七月、二七頁）。

（18）林智康「蓮如上人に学ぶ――『歎異抄』と『御文章』――」（浄土真宗教学研究所編『教学研究所紀要』四、

一九九五年）が参考になった。

(19) 太藤順海『真宗大学寮講義年鑑』（西村法藏館、一八九二年）。

(20) 高倉学寮の安居は、春夏秋期開講の僧侶対象の集中講義のこと。詳しくは、前掲『真宗史料集成』第一〇巻「解説」を参照。

(21) 『歎異鈔聞書』上巻、大谷大学図書館蔵、一丁。なお表紙には『歎異鈔記上』と記されている。内題下の記載内容と奥書より、享和元年（一八〇一）二月筆録本を、文化元年（一八〇四）に書写したことがうかがえる。上・下巻からなる。以下、筆録写本類からの引用については、すべて句読点のみを補った。

(22) 佐藤正英『歎異抄論注』（青土社、一九九二年）を参照。

(23) 大谷大学図書館蔵。奥書から、「享和元年酉辛二年亀洲（深励の院号…引用者）和尚於越中富山講法林寺輪旭」とある元本を、明治期に写したものとわかる。前者の『歎異鈔聞書』と同講の筆録写本と推測される。

(24) 大谷大学図書館蔵。文化五年（一八〇八）の書写本。表紙には、『歎異鈔講義　完』と記載されている。一丁欄外に「歎異鈔筆記」と内題があり、それを採用した。

(25) 「予対二照《スルニ》数本一《ヲ》雖《トモ》二大旨無レ別、其《ノ》弁参差不《ハ》レ能二如之《レヲ》何一《トモスルコト》」（『歎異鈔講義』、京都書林、護法館蔵版、序文、一八九九年〈明治三十二〉、二頁）。

(26) 暁烏は『歎異鈔講話』（無我山房、一九二四年〈大正十三〉、初版一九一一年〈明治四十四年〉）「例言」に、「私が、本書（『歎異抄』…引用者）を味ふに、始終座右にありて、指導を与へて下さつたのは、香月院深励講師であつた。私は先づ本文を数十回読み、次に香月院の講録を読み、然る後、沈思瞑想、念頭に浮び来る所を書いたのが、本書である。故に本書を公にするに就て、香月院師の御恩に感謝いたすのである」と、深励の講録を読みながら、『歎異抄』解釈を施したことを記しているが、『暁烏文庫仏教関係図書目録』（金沢大学附属図書館編、一九六三年）には同書の名がみえ、また、『歎異鈔講話』にも同書からの引用を示す注記があることから、暁烏は護法館版の『歎異鈔講義』を読んだと推測できる。

(27) 金子大栄は、香月院深励の学風について次のように述べている。「香月院が恰も学寮の講者を代表するものの如く思惟せらるゝやうになつたことは、特にその学徳弁び優れたるに依ることである。……その学風と人格とが多数の俊才を門下に集め、その学系を承くる者、長く大谷学界に絶えなかつた。これを歴史的に回顧すれば、高倉の学寮が漸く全然時代に入らんとするに際し、香月院を出して講者を総合し、学風を決定せるものとも見らる、のである」（「香月院と高倉風」『大谷学報』第二四巻六号、一九三二年）。ほかにも『歎異抄』講釈には、賢蔵『歎異鈔聞書』（一八〇八年〈文化五〉）、慧劔『歎異鈔聞書』（一八一九年〈文政二〉）、妙音院了祥『歎異鈔耳喰』（一八〇四年〈文政十一〉）、同『歎異鈔明証』（一八二八年〈文政十一〉）、同『歎異鈔聞記』（一八四二年〈天保十三〉）、賢幢『歎異鈔講義』（一八四二年〈天保十三〉）、法住『歎異鈔聞書続講』（一八四三年〈天保十四〉）、賢長『歎異鈔記』（一八四六年〈弘化三〉）などがあるが（林註(18)前掲論文参照）、講師格の『歎異抄』講釈は、香月院深励のみである。

(28)『歎異鈔聞書』下巻、二丁。註(21)を参照。
(29)『歎異鈔聞書』下巻、二丁。
(30)『歎異鈔聞書』下巻、二～三丁。
(31)このような解釈的特徴の理解には、子安宣邦「〈講説家〉篤胤の登場と救済の言説」（『江戸の思想』第一号、ぺりかん社、一九九五年）に示唆を受けている。
(32)『歎異鈔聞書』下巻、三～五丁。
(33)『歎異鈔聞書』下巻、六丁。
(34)『歎異鈔聴記』、四七～四八丁。註(23)を参照。
(35)『歎異鈔筆記』、五八～五九丁。註(24)を参照。
(36)護法館版『歎異鈔講義』（一一一～一一四頁）の同箇所は、以下のようである。

一旦トハ一往ト云ト同シ「イハレアリトハ道理有リト云コト此世人ノ言モ一往ハ其道理有ルニ似タレトモト云コトナリ。此意ハ助リ難キ悪人サヘ往生ス況ヤ助カリ安ヒ善人ハ助ラヌ筈ハナシ。其手前テ云トキハ悪人サヘ往生ス況ヤ善人ヲヤト云カ一往ハ道理有ニ似タレトモ、此世人ノイハレルノハ弥陀ノ本願ノ悪人ヲ本トシ玉フ御本意ニ背ケリ。故ニ一旦ソノイワレ有ル様ナレトモ本願他力ノ意趣ニソムケリト云ヘリ。意趣トハ御本意思召ノコトナリ。時ニ此世人ノ言ハト云ハ和語灯四左十一云、罪ヲハ十悪モ五逆モ生ル、ト信シテ小罪ヲモオカサント思フヘシ。罪人ナシ《（ヲ）》生ル、何況ンヤ善人ヲヤ、此文ハ此鈔ノ世人ノ語ト同シ和語灯録ニ罪人ナヲ生ル何況ヤ善人ヲヤト有テ今ノ文ニハ善人ナヲモテ往生ス何ニ況ヤ悪人ヲヤト云ヘリ。是テハ祖師聖人ハ元祖ノ御言ヲ破シ玉フ如クニ聞ユルカト云ニ爰ニ研窮セスンハ不レ可レ有ル処ナリ。……元祖ノ御言ハ……本願ホコリノ邪見ヲ御誡メアソハサレタル者ナリ。……元祖モ機ニ対シテ種々ニ勧メ玉フコトアリ。……敢テ吾祖ノ言ヲ挙テ破スルニ非ス。

大意は『歎異鈔聴記』などと同じである。深励による『歎異抄』講釈の語りは、このように近代へと維持、再生させられたのである。

(37)『歎異抄講義』（筆録写本）の奥書には、次のようにある。書写を通じて、『歎異抄』の講釈本が流布するあり方が、うかがえよう。

右永臨寺大講師（深励…引用者）説二世信上人御述作ハ歎異抄ノ外ナシ浄土真宗ノ法吾祖ヨリ相承ノ趣キ演玉フ大切ノ聖教也尓ルニ此抄大講ノ講説若州妙玄寺主脱浄法兄ヨリ借写当流大事之聖教ヲ拝見シヤスシ難有々々

南無阿弥陀仏／文化五年五月上旬　丹州平屋教誓蘭若／情海蔵　行年二十五歳

丹波国平屋の教誓寺情海が、若狭国の妙玄寺浄法から「借写」したことがわかる。

(38)前掲『真宗史料集成』第一〇巻「解説」参照。また、水谷寿『異安心史の研究』（大雄閣、一九三四年）は、江戸・明治・大正・昭和初期を通して、異安心問題を論じている。その「序言」には、「西本願寺に於て、寛政、享和、文化と、凡そ十箇年に亙つて、有名なる三業惑乱の異安心事件が起つて、西本願寺の学事統督の中枢に権力を失ひ、学派は分裂して、相ひ諍ふ状態を見た我が大谷派は、こゝに、専ら、学寮講師の学説を尚び、飽く迄で、其の軌轍を遵守するを以て、宗学研鑽の第一条件とするに至つた。かくして、学寮の宗学を以て、正統となし、異を立て、門を張る事を許さなかつた」とある。香月院深励による『歎異抄』講釈の筆録写本が享和・文化年間頃のものであることには、背景にあった異安心事件との関係が推察できる。

(39)「『歎異鈔』を読む（其一）」（『精神界』第三巻第一号、一九〇三年〈明治三十六〉一月、四〇頁）。

(40)暁烏註(26)前掲書「例言」一頁・「第一章　緒言」一頁。

(41)　暁烏註(26)前掲書「例言」一頁。
(42)「『歎異鈔』を読む（其四）」（『精神界』第三巻第四号、一九〇三年〈明治三十六〉四月、三四頁）。
(43)「『歎異鈔』を読む（其十五）」（『精神界』第四巻第一〇号、一九〇四年〈明治三十七〉十月、二七頁）。
(44)　この「仏と我との一致」という暁烏が目指す信仰のあり方は、柄谷行人が次のように語る「神秘体験」と同質にも見えるが、なお検討を要する問題を含んでいるように思われる。「神秘体験は、私と他者、私と神の合一性である。それは《他者》を排除している。いいかえれば、〝他者性〟としての他者との関係、〝他者性〟としての神との関係を排除している。そこにどんな根源的な知があろうと、私と一般者しかないような世界、あるいは独我論的世界は、他者との対関係を排除して真理（実在）を強制する共同体の権力に転化する」（『探究Ｉ』、講談社、一九八六年、二〇七～二〇八頁）。
(45)　以上のような暁烏がする解釈に近世真宗教学からの差異をみるとき、そのテクストへの対峙の仕方が特徴的であることがわかる。テクスト上の親鸞や蓮如の言辞は、すべて「私」の「心の上」に、すなわち、「自分の内心に味は」い、「自分の信心を養ふ」ように読むことで解釈され、その言辞の意味は「私」の「内」でのみ確かめられていくのである。蓮如の言辞は、そうした形で近代の真宗教学の中に再生させられたのである。さらに言えば、もしそうしたスタイルの真宗信仰が「私」「我」の「内」だけに閉じられて「私」「我」から解放の方向を見失わないためには、そうした「私」個人の「心の上」での解釈を、他の人間に普遍化するような発想を伴うものでなくてはならないのだろう（引用は、「『歎異鈔』を読む（大尾）」〈『精神界』第一一巻第一号、一九一一年〈明治四十四〉一月〉による）。
(46)「『歎異鈔』を読む（其十六）」（『精神界』第四巻第一一号、一九〇四年〈明治三十七〉十一月、三一～三三頁）。
(47)　当時、暁烏の「評判」には次のようなものもあった。
「『精神界』の暁烏敏君、常に自ら詩人を以て居る。「我々詩人は」などいふ語、臆面なく常に君の唇端より迸り出づ。げにや『精神界』の文、頗る詩趣の津々たるを見るは、専ら君の筆なりと聞く。『精神界』に清沢先生ありしことを知るものは多し、而も実は其の主義を鼓吹するに於て、君最も其の力を致す。／悪口を得意とする男あり、余が居を訪ひて談偶ま精神主義の事に及ぶ。男屢「浩々洞のカルヴィン」の語を反覆す。初め其の何の意たるを知らず。数次にして其の暁烏君を指すものなることを知る。蓋しカルヴィンは空壜《からびん》の謂にして、暁敏《あきびん》と義通ずるを取るといふ。さすがに彼は悪口男なり」(黒足天「評判記」『新仏教』第四巻第七号、一九〇三年〈明治三十六〉年七月、第四巻分全綴冊子、五九六頁)。

(48) 「『歎異鈔』を読む(其二十五)」(『精神界』第五巻第一一号、一九〇五年〈明治三十八〉十一月、三二頁)。

(49) 「『歎異鈔』を読む(其二)」(『精神界』第三巻第二号、一九〇三年〈明治三十六〉二月、三四頁)。

(50) ほかにも、暁烏は、『歎異抄』第十三条の「さるべき業縁のもよほせば、いかなるふるまいもすべしとこそ、聖人は仰せ候ひしに、当時は後世者ぶりして、よからんものばかり念仏まうすべきやうに思ひ或は道場にはり文をして、なに〳〵のことしたらんものをば、道場に入るべからずなんと、いふこと、偏に賢善精進の相を外に示して、内心には虚仮をいだけるものか」という内容について、

親鸞聖人は、自ら加古の教信沙弥を以て任じ、愚禿と名乗りたまひ、「外に賢善精進の相を現ずること勿れ、内に虚仮を懐けば也」と宣言せられたやうに、赤裸々主義、ありのまゝ主義とも云はうか、生れついたる此機のまゝで仏に救はるゝことを喜ばれたのである。然るに後の祖訓を受くる弟子の輩が、殊勝げなるを好み、入道者に制限を加ふるやうになつたのは以ての外であると、戒律主義形式主義の束縛の中より精神主義、そのまゝ主義の祖旨を発輝したのが此一段の意である。

これと同じやうな意味を蓮如上人は具体的に詮はされてある。『御一代記聞書』に曰く、

蓮如上人、無紋の物をきることを、御嫌ひ候。殊勝さうにみゆるとの仰せに候。又墨の黒き衣を着候を御嫌ひ候。墨の黒き衣をきて、御前に参れば、仰られ候。衣紋をたゝして殊勝の僧の御出候と仰られ候て、いやわれは殊勝にもなし、たゞ弥陀の本願殊勝なる由、仰せられ候。

(「『歎異鈔』を読む(其十四)」〈『精神界』第七巻第九号、一九〇七年〔明治四十〕九月、三四頁〉)。

と述べ、唯円の解釈を通じて示される親鸞の信仰姿勢に、「精神主義」的信仰の姿を見、さらに「同じやうな意味」を表す蓮如の言辞を引用しているのであるが、繰り返して言えば、ここには、暁烏が『歎異抄』の親鸞の言辞を解釈する際に、蓮如の言辞が一定の役割をもたされて引用されていることをうかがうことができる。そして、

このことは同時に、蓮如の言辞が、暁烏らの「精神主義」の立場からする信仰理解に、積極的な意味を与えるような力をもつものとして期待されてあったことを物語っていよう。すなわち、近代教学黎明の時期に際し、蓮如の言辞は、決してそのもつ意味は軽視されるべきものとしてはなく、むしろ、積極的に近代教学に取り込まれる言辞として存在したと言えよう。

(51)「『歎異鈔』を読む（其二）」（『精神界』第三巻第二号、一九〇三年〈明治三十六〉二月、三五頁）。
(52)「『歎異鈔』を読む（其九）」（『精神界』第三巻第一一号、一九〇三年〈明治三十六〉十一月、三六頁）。
(53) ここには、『大無量寿経』（上巻）中の四十八願中の第十八願に語られているいわゆる「抑止文」の精神と論理の問題がひそんでいるとも思われる。また、その後の彼自身の信仰の展開過程から見るならば、『大無量寿経』（上巻）中の「汝自当知」の、さらに晩年には、同経（下巻）の「皆当往生」との経語を通して、一切衆生、つまり生あるもの総てが救われていく道を自覚するに至るが、本章の趣旨から、それには触れなかった。
(54)「『歎異鈔』を読む（其二）」（『精神界』第三巻第二号、一九〇三年〈明治三十六〉二月、三三頁）。
(55) 赤松俊秀『親鸞』（吉川弘文館、一九六一年）。
(56)「『歎異鈔』を読む（其一）」（『精神界』第三巻第一号、一九〇三年〈明治三十六〉一月、四一頁）。
(57)「『歎異鈔』を読む（其二十二）」（『精神界』第五巻第六号、一九〇五年〈明治三十八〉六月、三三頁）。
(58)「『歎異鈔』を読む（其二）」（『精神界』第三巻第二号、一九〇三年〈明治三十六〉二月、三五頁）。
(59) 聖書の聖性に関しては、柄谷行人「テクストとしての聖書」（『哲学』一一、一九九一年初出。のち、『ヒューモアとしての唯物論』、筑摩書房、一九九三年に再録）に示唆を受けた。
(60) 註(1)の吉野秀雄の「歎異鈔を通して」を参照のこと。なお、倉田と『歎異抄』との出会いについては、福島註(3)前掲書「第四章　大正文学上の親鸞」を参照のこと。
(61) たとえば、柏原祐義「『出家とその弟子』を読む」（『精神界』第一七巻七号、一九一七年〈大正六〉八月、七一～七三頁）がある。
(62)「『出家とその弟子』の上演について」（『新装・倉田百三選集』一、未来社、一九七六年、一七五頁）。
(63)「精神主義」（『精神界』第一号、一九〇一年〈明治三十四〉一月、三頁）。

(64)「『歎異鈔』を読む（其二十二）」（『精神界』第五巻第六号、一九〇五年〈明治三十八〉六月、三三頁）。
(65)『歎異抄』が近代の各時期において、知識人たちの拠り所として見出される様を、確認しておく。
○西田幾多郎「愚禿親鸞」（一九一一年〈明治四十四〉四月）

余は真宗の家に生れ、余の母は真宗の信者であるに拘らず、余自身は真宗の信でもなければ、また真宗に就いて多く知るものでもない。たゞ上人が在世の時自ら愚禿と称し此二字に重きを置かれたといふ話から、余の知る所を以て推すと、愚禿の二字は能く上人の為人《ひととなり》を表すと共に、真宗の教義を標榜し、兼て宗教其者の本質を示すものではなからうか。……真宗は特に此方面に着目した宗教である、愚人、悪人を正因とした宗教である。……例の放蕩息子を迎へた父の様に、いかなる愚人、いかなる罪人に対しても弥陀はたゞ汝の為に我は粉骨砕身せりといつて、之を迎へられるのが真宗の本旨である。歎異抄の中に上人が「弥陀の五劫思惟の願をよくよく案ずればひとへに親鸞一人がためなりけり」といはれたのが其極意を示したものであらう。……煙波渺茫、風静に波動かざる親鸞上人の胸懐はまた何となく奥床しいではないか（『西田幾多郎集』、筑摩書房、一九七四年、四〇一～四〇二頁）。

西田幾多郎は、親鸞の「愚禿」という自覚に「宗教其者の本質」を見出している。なお、暁烏と西田との『歎異抄』を通じての関係は、次の暁烏の回想「歎異鈔と私」（一九一一年〈明治四十四〉）にうかがうことができる。

明治三十六七年頃から、私の信心の味わひを聞かしてくれと云はれる人がある毎に、常に私はこの『歎異鈔』を繰り返しお話したのであります。丁度その頃に講習会といふものが、あつちこつちにはやり、私は『歎異鈔』をよく語りました。その頃第四高等学校の先生をしてをられた西田幾多郎さんなどの発起した会が四高のうちにありましたが、そこでも私は『歎異鈔』を語りました。

また、西田は、第二次大戦末期、「場所的論理と宗教的世界観」（一九四五年〈昭和二十〉四月）において、次のように述べている。

我々の宗教心と云ふのは、我々の自己から起るのではなくして、神又は仏の呼び声である。……学者は此点を無視して、唯人間の世界から神を考へ、宗教を論ぜうとする。宗教の問題と道徳の問題との明白なる区別すらも自覚してゐない。……道徳は人間の最高の価値である。併し宗教は必ずしも道徳を媒介とし、道徳を通路とすると云ふのではない。我々の自己が、我々の自己の生命の根源たる絶対者に対する宗教的関係に於ては、智者も愚者も、善人も悪人も同様である。「善人なほもて往生を遂ぐ、いはんや悪人をや」とまで云はれる（同前、三六一頁）。

　今日の世界史的立場に立つて、仏教から新らしき時代へ貢献すべきものがないのであらうか。……国家は宗教的である。その成立の根底に於て宗教的なる、歴史的世界の自己形成の方式が国家的であるのである。……真の国家は、その根底に於て自ら宗教的でなければならない。而して真の宗教的回心の人は、その実践に於て、歴史的形成的として、自ら国民的でなければならない。……仏教は、従来非国家的とも考へられて居た。併し鈴木大拙は大無量寿経四一の此《し》会《え》四《し》衆《しゅう》、一時《いちじ》悉見《しっけん》、彼《ひ》見《けん》此《し》土《ど》、亦復《やくぶ》如是《にょぜ》といふ語を引いて、此土に於て釈尊を中心とした会衆が浄土を見るが如く、彼土の会衆によつて此土が見られる。娑婆が浄土を映し、浄土が娑婆を映す、明鏡相照す、これが浄土と娑婆との聯貫性或は一如性を示唆するものであると云つておる（鈴木大拙『浄土思想論』、一〇四頁）。私は此から浄土真宗的に国家と云ふものを考へ得るかと思ふ。国家とは、此土に於て浄土を映すものでなければならない（『西田幾多郎集』、筑摩書房、一九七四年、三九二〜三九三頁）。

西田が、「世界史的立場」から、宗教的なる「真の国家」を実現させることへの仏教の貢献を説くこの文章には、親鸞、『歎異抄』、浄土真宗が積極的に論拠として述べられている。

○鈴木大拙『日本的霊性』（一九四四年〈昭和十九〉）

　仏教の働きかけで、日本民族のあいだに本当の宗教意識が台頭して、その表現が仏教的形態を取っても、それは歴史的偶然性で、日本的霊性そのものの真体は、その偶然なるものを突き通して、その下に見出されなければならぬ（岩波文庫『日本的霊性』、二一一頁）。

　この人（超個の人…引用者）が感ずる物のあわれが日本的霊性の律動である。この超個の人が本当の個己である。『歎異鈔』にある「弥陀の五劫思惟の願をよくよく案ずれば、ひとえに親鸞一人がためなりけり」と言う、この親鸞一人である。……真宗の信者はこの一人に徹底することによりて、日本的霊性の動きを体認するのである（同前、八六頁）。

親鸞聖人がシナに出ないで日本に出たということに意味がある。……親鸞の「一人一人」的経験は、日本民族の精神的生活即ち霊性自体からのものであったので、日本民族の心理に深く働きかけていったのである、実にいきつつあるのである（同前、八九頁）。

親鸞宗の本領は、……『歎異鈔』にあるのである。真宗の学者は『教行信証』を以て無上の聖典のように見ているが……親鸞の真骨頂はそこで見参すべきでなくて、彼がなんとなく吐露した言語の中に直覚すべきものがあるのである（同前、九〇～九一頁）。

鈴木は、『歎異抄』の親鸞の言辞に「日本的霊性」の発現を読み取ったのである。第二次大戦末期、鈴木大拙は『歎異抄』を拠り所としつつ、親鸞の思想に「日本的霊性」を読み出し、また、西田幾多郎は、「世界史的立場」に立ちながら、どちらも見失いかけた、世界の中の日本（自己）像の拠り所を『歎異抄』に求めようとしたと言えよう。近代日本の代表的な知識人が、『歎異抄』を通じて、自己を語り、さらには「日本」を語ろうとしたことが確認できるであろう。

補　「人格化」される親鸞と蓮如

親鸞を「人格化」していくアプローチは、実は、蓮如の近代への再生のあり方と、決して無関係ではないと思われる。本章で明らかにした近代における『歎異抄』解釈の特徴と関連して、そのことについて、私見を述べておきたい。

概して、蓮如その人やその思想について論じる際、個人的には信仰の問題として、教団的にはご遠忌の関係など、その論者の背景には、さまざまな意図があると思われる。そうした意図により、実はある一つの蓮如論における〈蓮如〉の位置づけが予定されると言っても決して大げさなことではない。なお、問題意識をより明確にするために、解釈行為の対象（＝「象徴資本」の獲得をめざした行為〈P・ブルデュー「社会的空間と象徴権力」〈『構造と実践』、藤原書店、一九九一年〉〉）となる蓮如という意味を込めて、とくに〈蓮如〉と表記した。本章で述べたように、「近代」教学にとって、蓮如の言辞は重要な位置を占めるのだが、概して真宗教学の再生産においては、〈蓮如〉は、教学者たちの立場を確立するための重要な「象徴資本」としてあったと筆者は見ている。たとえば、蓮如の王法為本論を批判する者は、親鸞からの退行として捉えるであろうし（このような、親鸞からの退行論には、福嶋寛隆「蓮如の真宗――親鸞からの退行――」〈早川顕之編『蓮如への誤解』、永田文昌堂、一九九五年〉がある）、反対に、蓮如の教団再興への活躍を評価する者は、浄土真宗中興の祖として蓮如の信仰実践を積極的に評価するだろう。言ってみれば、蓮如の言辞を解釈しながら、〈蓮如〉について叙述する行為そのものが、ある意図を背景にした行為である。筆者は、このような解釈および叙述行為それ自体を客観化することを通じて、〈蓮如〉が、新たな特徴を伴いながら、近代にいかに再生させられたかを知ることができると考えている。その試みの一つが、歴史家の蓮如伝を取り上げた、本書第四章である。

さて、ここでは、とくに親鸞を「人格化」する読みにこだわってみたい。繰り返せば、このような解釈が、蓮如の言辞の新たな解釈と無関係ではないと筆者は考えるからである。この暁烏の、親鸞を一人の「人」として「人格化」させる『歎異抄』というテクストへのアプローチとは、「歴史上の親鸞」を見出すものではなく、テクストである聖教を「自分の内心」（＝内面）に味わい、「自分の信心を養ふ」ことを通じて、祖師親鸞その人への関心を強く抱くという構造をもつものであった。そして、そうしたテクストへの接近方法は必然的に〈蓮如〉をも、親鸞と同様に人格化しないではおかないだろう。テクストを通して親鸞を人格化するとき、〈蓮如〉も親鸞と同じ人格をもたされて再生させられるのである。すなわち、親鸞のテクストの言辞に「聖人の本意」を解釈的に探りあてるような営みを否定した暁烏にとっての関心は、いまやテクストそのものに内在する「聖人の本意」にではなく、暁烏自身の「内心」に人格化される親鸞と、また同じく人格化される蓮如その人に向けられることになろう。

人格化されたとき、親鸞や蓮如の言辞は、「親鸞の」「蓮如の」という修飾自体に特別な意味を帯びてくることになる。まさに、「蓮如の」言辞は、人格を伴った「蓮如の」言辞として再生させられることになるのである。

私共は蓮如上人も示されたやうに「罪けして助け給ふとも、罪けさずして助け給ふとも罪の沙汰は無益なり」（『御一代記聞書』…引用者）、で善に進まれまいが、悪が止むまいが、そんな事にはとん着なく、ずん〳〵如来の御慈悲の光明に安心するやうでなけねばならぬ（「『歎異鈔』を読む（其七）」〈『精神界』第三巻第七号、一九〇三年（明治三十六）七月、三三頁〉）。

法然上人は「病源を得て喜ぶ思ひあり」と仰せられ、蓮如上人は「抑当年の夏このごろはなにとやらんことのほか睡眠に……」（『御文』…引用者）と仰せられます。又祖師（親鸞…引用者）は「聊か所労の事もあらば死なんずるやらんと心細く覚ゆる」と仰せら（れ）ます（「『歎異鈔』を読む（其二十六）」〈『精神界』第五巻第一二号、一九〇五年（明治三十八）十二月、三二頁〉）。

このような、親鸞や蓮如が、まるで人格化された語り手として、自身の信仰的内面を告白するような言文一致形式でのテクスト引用の仕方には、次にみるような江戸の真宗教学者香月院深励のあくまで「テクストに述べられてある」という形式との差異を見なくてはなるまい。

「御文ニ此義ナキニシモアラズ。二帖目十一通ノ御文ニ五重ノ義ヲ立テタリ。其文云。一ニハ宿善二ニハ善知識三ニハ光明四ニハ信心五ニハ名号コノ五重ノ義成就セズハ往生ハカナフベカラズトミエタリ」（『歎異鈔講林記』巻上〈『真宗大系』第二三巻、二一頁〉。以下、『講林記』と略す）。

「故ニ和語灯一二十九左云。ツヨク信ズル方ヲ勧レバ邪見ヲ起サセジト誘フレバ信心ヲツヨカラズ成ルガ術ナキ事ニテ侍ル也」ト（『講林記』巻下〈『真宗大系』第二四巻、五五頁〉）。

故ニ蓮如上人モ其鈔ノ奥書云。斯聖教者為二当流大事聖教一也於二無宿善機一無二左右一不レ可レ許之者

也（ママ）」文（『講林記』巻下〈『真宗大系』第二四巻、五六頁〉）。

「故ニ選択集ノ上ニ云。阿弥陀如来不下以二余行一為中往生本願上。唯以二念仏一為二往生本願一文」トノタマヘリ（『講林記』巻下〈『真宗大系』第二四巻、五六頁〉）。

清沢に教えを受けながら、その「精神主義」の唱導につとめた暁烏は、『歎異抄』に独自のアプローチを試みた。それは、自己表白を伴うものであり、また『歎異抄』から、暁烏自身にとっての「私の親鸞」像を親鸞の人格化を通じて読み出そうとするものであった。「精神主義」を唱導する暁烏は、親鸞の言辞を解釈しながら、蓮如の言辞をもってその信仰の同質性を指摘した。それはまた同時に、彼らの「精神主義」が、親鸞と蓮如の信仰と同質であるということの主張でもあった。すなわち、〈蓮如〉は、暁烏によって、たとえば、このように獲得されながら、「精神主義」の主張とともに近代に再生させられたのである。

繰り返せば、このような、親鸞を人格化しながら『歎異抄』を読む解釈の成立は、同時に〈蓮如〉をも同様に人格化する解釈を可能にさせるものであったと考えられよう。暁烏は、「精神主義」の立場から『歎異抄』の親鸞を人格化しながら読もうとした。その際、〈蓮如〉は、その親鸞と同じ信仰をもつ人としてその文章が引用された。つまり、暁烏によって〈蓮如〉は、人格化された親鸞同様、「精神主義」の立場から獲得の対象として甦らされたのであった。

では、このように近代の真宗教学に再生させられた〈蓮如〉が、なにゆえ後に排除されていくのか。この件に関しては、従来からある真俗二諦論を問題にする議論が参考になると思うが、私見としては、ある「信仰」の言説が、いわば特定の作者名をもち、同時に人格化を伴っていくという独特のあり方が、このことには関係しているように思える。すなわち、名前をもった一人の人間として〈親鸞〉と〈蓮如〉をテクストに見出すまなざしが、同時に、「信仰」主体としての〈親鸞〉と〈蓮如〉を確立させるのである。そうして一人の「信仰」主体として甦る〈親鸞〉と〈蓮如〉は、仮に同質の真宗信仰に生きたとしても、あくまで、別の名前をもつ人間である。そこには当然、両者を比較するような論理も生じてこよう。すなわち、「私の親鸞」を見出そうとするようなテクストとの対峙方法は、同時に、「私の蓮如」を成立させるだろうし、論者にとっては、「親鸞その人」「蓮如その人」といかに向き合うかが問題となるだろう。実は、近代へ〈親鸞〉や〈蓮如〉を人格化させながら再生させていくこのような独特の読み出し方こそが、比較の論理を用意し、さらには獲得と排除という論理を伴う議論の生成要因となったのではないかと、筆者は考えている。つまり、〈蓮如〉を獲得する教学の言説も、反対に排除する教学の言説も、実は、近代に成立する同じ解釈的構造の内に存在するということになる。

＊史料の引用に際し、一部の旧字を現行漢字に改め、また適宜、句読点・濁点を補った。
＊『精神界』からの引用はすべて復刻版『精神界』（法藏館）を参照した。
＊本文中への『歎異抄』原文の引用は、すべて岩波文庫版によった。

第四章　「史家」の蓮如伝

――『仏教史林』所収「恵燈大師蓮如」をめぐって――

はじめに

近代の日本仏教史研究は、一八九四年（明治二十七）、村上専精（一八五一〜一九二九）らにより『仏教史林』が発刊され、本格的に始まったと言ってよい(1)。村上は、その創刊号巻頭掲載の論考「仏教史研究の必要を述べて発刊の由来となし併せて本誌の主義目的を表白す」で、次のように述べている。

社会の大勢を観るに、万事已に空想時代は去りて事実時代に移んとし、理論的研究は転じて歴史的穿鑿に進んとす、請ふ眼を開きて天下学術攷究の景況を見よ、百科の学問は已に歴史的研究を要するには非る乎、然り而して仏教は広大の歴史を有するものなり、広大の歴史を有する仏教にして豈此際に当り歴史的研究を放棄すべけんや(2)。

いわば、「歴史的研究」という自覚を伴いながら、日本仏教史研究の必要が述べられるのである(3)。

村上が「表白」する仏教史研究の主義目的を見ておくと、次のようである。

本誌は既に仏教史なり、本誌は仏教史なるが故に、世間史家の研究する如く、学術的攷究の一方に止まらず、傍ら宗教思想をも含有するものなり、故に本誌は門外より之を見れば学術と宗教

の両成分を含有するものといはん、其両成分を含有するが如く見ゆるところ、是れ本誌の主義とする所なり。(4)

『仏教史林』の目指す「仏教史」研究とは、「学術的攷究」としての歴史研究に「宗教思想を含有」するものであると村上は言う。そして、『仏教史林』の内容について、

本誌は欄を七段に分つ、第一史論の一欄には、凡そ仏教史に関し推理断定を要することあれば、百尺竿頭に達するまで推理攷究を遂んとするものなり、但し其推理を為すに就き、一方には普通の学術思想を以て公平の推断を試み、他の一方には内部の仏教思想を以て別格の解釈を下すこともあるべし、第二考証の欄には、凡そ事蹟の錯雑し、史乗に異説を見るものは、成るべく材料を博く求め、勤めて精確なる事実の考証を試んとす、第三地理の欄には、印度支那日本の三国にありて、仏教史に関係厚き地理を記載せんとす、(已上三欄内は通常史家の攷究と同轍なり)更に第四教史の欄には、仏教各宗の教意を、歴史的に且つ平易に陳述して、宗教心を感発せしめんとす、第五伝記の欄には、古今著名の高僧、並に仏教に就き偉大の効蹟ある護法居士の伝記を挙て、立志と道心の奮起する刺撃に供せんとす、第六雑録の欄に於て、一は古徳の行蹟と格言を集録して、立志と道心の奮起を扶け、一は古今の翻訳並に著書を記載して、推理と考証の思想を助けんとす、第七彙報の欄には、諸新聞諸雑誌等、若くは他の口頭より、仏教史に関係あることを見聞すれば、細大共に報知せんとす。(5)

と述べ、同誌は、「史論」「考証」「地理」「教史」「伝記」「雑録」「彙報」の七種類の欄からなるのであり、村上の日本仏教史研究にかける意気込みは、

余輩一片の精神は凝結して金石よりも堅く、之を敲くに砕けず、之を打つに破れざるものあり、抑も余輩の精神此の如く凝結する所以は、一に仏教史は日本の国史に至大の関係あるが故に国家を思ふ忠義心に指導せらるゝと二に仏教史は吾身の栖息する自家の経歴なるが故に仏教其者を思ひ祖先其人を思ふ義務心に勧誘せらるゝとに由るものなり、余輩は此二由に依て、一心已に凝結せるが故に是より泰山を挟んで北海を越んとするに左も似たる業務に大膽ながらも従事せんとす。(6)

と、「表白」される。このように村上の「国家を思ふ忠義心」と「仏教其者を思ひ祖先其人を思ふ義務心に勧誘せらるゝとに由」りながら成立してくる近代の日本仏教史研究の性格については、早くに二葉憲香が「仏教史研究を規定する根底的なものとなった(7)」と批判的に問題にしている。また、村上が「世間史家」のような「学術的攷究の一方」に偏ったものではない歴史研究を、仏教史研究に目指したことには、久米邦武事件による『史学会雑誌』『史林』の廃刊に象徴される「近代日本史学の挫折(8)」の問題が微妙に関わっていると思われ、このような視点からする日本仏教史研究成立が孕む問題については別なる考察の必要があろう。

本章ではこのように、「十九世紀」に始まる仏教の歴史研究の先駆けである『仏教史林』に掲載された、蓮如について語る歴史的言説を取り上げる。というのも、近代の学術的歴史研究の場に再構成された、最初期の歴史的言説としての蓮如伝を考察し、その蓮如伝の近代への再生のされ方を問題にしたいからである。冒頭から長々と『仏教史林』と日本仏教史学の成立について説明をしすぎた感もあるが、このような村上の自覚や仏教史研究成立期当初を取り囲む国史学研究の当時の状況が、『仏教史林』という論壇に掲載される諸論考には、当然背景として共存していたと併せ考えるからである。

具体的に取り上げるのは、『仏教史林』第三一～三五号[9]に掲載された歴史研究者七里辰次郎による「恵燈大師蓮如」である。筆者は、この連載論考をもって近代の歴史研究の自覚からなされた最初の蓮如伝と見なし、また、近代に新たに再構成される蓮如伝の特徴を内包するものと仮定し、考察するものである。はたして、この「近代」版蓮如伝を通して見えてくる問題とは何か。七里辰次郎という歴史研究者の史伝記述にみえる葛藤に、そのありようを見てみたい[10]。

一　「恵燈大師蓮如」の概要

①七里辰次郎と歴史研究

まず、「恵燈大師蓮如」（ママ）（章末参照）の著者七里辰次郎という人物について述べなくてはならないが、管見では未詳である。とはいえ、最小限なりとも、この七里という人物の仏教の歴史研究へのスタンスを、確認する必要があろう。その点で注目すべきは、次の真宗大学（現大谷大学）の機関誌『無盡燈』第二巻七号に掲載された彼の「仏者は歴史の攻究を忽にすべからず」という論考である。

総て仏者の性格は保守的傾向ある事又書を崇信する傾向ある等よりして、真の事実を探究発明せんと欲するも頗る障碍となる上にかて、加へて歴史を軽蔑する風ありて今日の如き史学の眼識欠乏して自家の歴史は湮滅して知る可らず、国家に対して仏教は如何なる位置にあるかなどは国学者漢学者神道者等に誣られて仏教は国に害ありて益なきもの、如く言ひ做されて一言の弁解をもなし得ざる如き悲境に沈淪せしなり、一般僧侶たるものも爾来は発憤して歴史研究に従事せられんこと希望の至に堪へず、殊に本山に立ちて為政の要路に当るものに於ては一層注意して史学を奨励せらるべし、東西両本願寺の如き大本山にして而も其宗の歴史すら明らかならざる所にありては史料編纂係様の物を設置して攻究の道を開かれんことを切望して止まざるなり。(11)

七里によれば、今日の「仏者」は、「史学の眼識欠乏して自家の歴史は湮滅して知る」ことができないのであり、また「国家に対して仏教は如何なる位置にあるかなどは国学者漢学者神道者等に誣られて仏教は国に害ありて益なきもの、如く言ひ做されて一言の弁解をもなし得ざる如き悲境に沈淪」しているという。そこで、七里は僧侶に「発憤して歴史研究に従事せられんこと希望」するとし、さらには、本願寺両本山における史料編纂事業の必要を強調するのである。この「史料編纂」への七里の着眼には、自らの歴史研究について、史料に基づく、いわば実証的な研究である必要性を、彼自身自覚していることをうかがわせよう。

また、七里は同論考で「古来真宗僧侶が歴史上に就て論争せる事は唯浄土宗僧侶と高祖親鸞聖人は源空上人の弟子なりや否やの一問題にすぎず(12)」と述べ、真宗僧侶たちの歴史研究への関心の低さを指摘しているが、事実、当時の多大な量の親鸞研究を調べてみても『教行信証』や『浄土和讃』など親鸞の著書についての講釈が中心であり、また、親鸞の生涯については覚如の『親鸞伝絵』によるのがもっぱらであり、歴史的関心からの本格的な親鸞研究(13)は管見では見当たらない。そして、明治の終わりに近づき、その『親鸞伝絵』が六角夢想・蓮位夢想・入西鑑察など夢にちなむものが多いため、その史実が疑われ、一九一〇年（明治四十三）にようやく長沼賢海が「欧米よりの研究方法にもとづき」(14)、『史学雑誌』（第二一巻第三―一二号）に「親鸞聖人論」を発表した程度であった。

ほかにも、「本山」が真宗の教義集である「義集」六巻と「真宗の歴史に関したる事を記」した「事集」三巻計九巻からなる恵空著の『叢林集』を校定した際[15]、「義集」のみを翻刻し、「事集」を「旧本錯簡の儘にして」翻刻しなかったことについて「事集こそ他に求め難き重宝なれば之を取べきに当路者は其取捨の選択を誤れり[16]」と批判していることからも、七里が「史学の眼識」の必要を強く認識していることは充分にうかがえるのである。事実、以下の考察でみるように、「恵燈大師蓮如」の中において、七里は、『叢林集』「事集」の記述に対して、その誤りを多々指摘し、自らの「史学の眼識」に基づく史料分析を試みているのである。

②「恵燈大師蓮如」の内容構成

このような七里辰次郎著「恵燈大師蓮如」について、以下、少し長くなるが、概略を紹介したい。「恵燈大師蓮如」は、『仏教史林』の「伝記」欄にその第三二号（一八九六年〈明治二十九〉十一月）から、その正誤表「恵燈大師伝正誤」も含めて、第三六号（一八九七年〈明治三十〉三月）にかけて、五回に分けて連載されたもので、全体で五章からなり、「第一章」の前には序にあたる部分があり、全一一三頁からなる。各章の題と、所収号数は次の通りである。

「序」の部分『仏教史林』第三二号／「第一章　恵燈大師……其社会」・「第二章　恵燈大師……其前半世」『同』第三二号／「第三章　恵燈大師……其後半世」『同』第三三・三四号／「第四章　恵燈大師……其滅後」・「第五章　恵燈大師……其余論」『同』第三五号

七里の「恵燈大師蓮如」は、「大師は我邦の偉人なり」の一文に始まる。この序にあたる部分には、蓮如伝研究の意義について彼の思うところが記されている。この冒頭の一文には、基本的に村上専精が、「古今著名の高僧、並に仏教に就き偉大の効蹟ある護法居士の伝記を挙て、立志と道心の奮起する刺撃に供せんとす」と述べた『仏教史林』「伝記」欄への意向を受けたものともなっている。七里は「大師の伝を研究するは、我仏教史上に要用なるのみならず、また足利時代国史の一半を研究するものなれば、苟も史に志あるものは、研めざるべからざる問題にして、且趣味深き研究なり」[17]と、蓮如研究が、仏教史のみならず「足利時代国史の一半」の研究にも「趣味深」いと述べている。

しかし、具体的な史料となると、

惜い哉、戦国乱離の世を経たれば、載籍或は散逸し、或は兵燹に罹りて、大師の偉業宏模を徴するに足るべきもの、極めて少く、偶々大師の記事に関する書も、或は遺徳記等の如く、只管其偉励を頌せんと力むるものにあらざれば、本朝通鑑、逸史などの如き、排仏家の著にして、無暗に短所欠点を探し、寧ろ誣妄に近き言をすら為せる類の書あるのみ。[18]

と述べるように、散逸状態であり、蓮如の記事も、その七男蓮悟による『蓮如上人遺徳記』[19]（以下『遺徳記』と略す）のような「只管其偉励を頌せんと力むるもの」しかなく、実際は、「唯離れ〳〵切れ〳〵の左もありたらんと思はる、節の事柄を綴り合せる」ことでしか蓮如伝を構成できなかったという。そこで、「綴り合せ」の素材となった「恵燈大師蓮如」に見える史料名を挙げると次のようである。

『御文』『正信偈大意』『蓮如上人御一代記聞書』『遺徳記』『大谷家譜』『堅田日記』『叢林集』『本願寺縁起』『実悟記』『本願寺門跡伝』『法語見聞』『徳正寺旧記』『反古裏書』『越登賀三州志』

『富樫記』『賀越闘争記』『蔭凉軒日録』『続武将感状記』『相州文書』『本朝通鑑』『逸史』『官地論』『長享年後兵乱記』『天正二《(三カ)》年の記』『照蒙記』

蓮如の行実、語録のほか、とくに種々の戦記類などが参照されていることがわかる。

先取りすれば、概して、「恵燈大師蓮如」は『遺徳記』をベースとしながらの蓮如伝であり、途中『遺徳記』に記事を欠く場合には、主に『実悟記』『蓮如上人御一代記聞書』（以下『聞書』と略す）などにて補い、また同年の記事が重なる場合は、内容を複数の史料で比較検討するなどしている。このような教団内外の史料に基づく伝記とはいえ、歴史的記述は、当然ながら歴史研究への意識を前提としたものであろうし、それ以前には、試みられたことのない蓮如伝であったと考えられる。事実、管見では、こうした問題意識において記述された蓮如伝は、はじめてである。

二　「恵燈大師蓮如」の内容と特徴

①その前半世まで（第一章～第二章）

各章ごとの内容について、紹介していくことにする。

「第一章　恵燈大師……其社会」は、「大師は、八十五歳の長寿を享け玉へり。此一世紀に近き長き一代に於て、如何なる大業を成功し玉ひしか幾何の偉蹟を遺し玉ひしかを知らんと欲せば、先当年の社会の一般を知るの要あり。……其梗概を描かん」と始まり、蓮如の生きた社会背景を、「人民の不穏は然る事ながら、義教の初に近畿飢ゑ、窮民蜂起して、豪富土倉を剽掠し、……義政一代に徳政十

三度の多きに及べりといふ。亦以て当時の世態を知るに足らん」[20]と記述し、そのときの仏法の状態について、

唯儀式的仏教の盛なりしなり。少しにても意に満たざるあれば、忽ち日吉、春日の神輿を奉じて虚喝すといふ暴力的に寺院の繁栄せしなり。……人天の大導師が、此界の衆生を指導して安心立命の大安心を与え、誠実熱心を以て、生死出離の大問題の決着を与べしといふ、真仏教が盛なりしといふに至りては未だし。[21]

と批判的に述べ、さらに、当時の本願寺の状態について、

言ふもあはれ、語るも驚くべき衰頽を極めたり。……斯くまで仏法の盛大なる時代にありながら、当時の記録中に本願寺、若くは一向宗などいふ名称は絶えて見ざる所なり。……唯僅に大谷家の系図に就て血統の関係を見、代々の住職は例に由りて、法印権大僧都に叙せられし事……等の僅々たる事跡を知るのみ。……且や宗教の生命は、其宗其宗に立つる所の、宗意安心に在り。其安心だに正当に伝り、盛に行はるれば、堂宇は如何に傾覆し僧侶は如何に困窮するも、其宗旨は依然として繁昌といふべきなり。……一宗正意の安心に至りては、殆ど絶えざる事縷の如き心細き有様なりしなり。此の如く、外形内容両ながら廃頽せしを以て、蓮悟師は、真宗中絶と絶叫し、給へり。[22]

と述べている。『遺徳記』では、蓮如が十五歳のときに、この「一宗の中絶せる」状態を再興したいと志したと記述されるのであるが、七里の蓮如伝も基本的に、『遺徳記』の蓮如伝に従っていることが分かる。七里は、その「真宗中絶」状態を具体的に示すことによって、より蓮如の偉大さを強調せ

んとしているかのようである。以下の各章において、言ってみれば、蓮如顕彰の物語は「史実」を加味しながら再構成されるのである。

続く「第二章　恵燈大師……其前半世」では、七里は、その見出しにみるように蓮如出生からの「前半世」を記述している。その「前半世」とは、五十一歳頃、すなわち寛正六年（一四六五）に大谷廟堂が破壊されたために、蓮如が、近江堅田へ移る頃（応仁年間）までとされ、七里は、文明三年（一四七一）に蓮如が越前吉崎へさらに移るまでの間を「大師御一生の前半後半を劃すべき過渡期と信じ」ると述べている。さて、その「第二章」冒頭では、

釈尊の大業を知悉せんとするものは、須らく先、其曾て太子として、宮中に養はれ賜ひし日を知るべし。六年苦行の倶曇沙門に就て研究すべし。耶蘇基督の一世を詳にせんと欲するものは、彼が死海附近砂漠中に彷徨せし日より研究を始むべし。俗諺に三歳児の魂百歳までといふ、幾分真理を言ひ顕せる言にして、人の性質を知らんとならば無邪気なる嬰児の遊戯、天真爛熳たる小童の動静、云為を探るは、決して無益の業にあらざるなり。(23)

と、「人の性質を知」るには、幼年期を知るのが「無益の業にあらざる」とし、古今東西の偉人である釈迦と「耶蘇基督」の例を挙げながら、そうした手法の必要性を述べ、蓮如については、「少時の有様……惜い哉、記録欠乏して得る所実に僅少に止り、史伝を補益する事甚だ多からざる」状況であることを指摘し、七里は『遺徳記』を多用しながら、まず蓮如の十五歳という真宗再興を志した頃までを記述する。

ここでの七里の記述内容の特徴を一つ指摘しておくと、それは、『遺徳記』からの引用が、部分的

に削除されながら行われている点である。具体的に史料を検討すると、たとえば、『遺徳記』の蓮如六歳、十五歳時の記事にそれぞれある次のような「奇特不思議の事」は、「恵燈大師蓮如」には引用されない。

（応永廿七先師六歳）又或人の云、母堂たち出たまふ時、六角堂の精舎に詣し給ふと。云云然るときは救世観音の化現たるものか。奇特不思議の事なり。

（先師十五歳……浄土の元祖源空上人も三五《さむご》の御歳より無常の理を覚知して速に菩提の道に通入し在す。）是即大勢至の応化なりといふ事炳焉なり。嗚呼不思議なるかなや、聖人源空いづれの歳ぞや、かれも十五歳。蓮如上人いづれの歳ぞや、これも十五歳。彼此一体といふ事を。又鸞聖人の化身ともいふべきをや。(24)

前者は、蓮如が六歳のとき、その生みの母が突然姿を消した出来事を中心とする内容の条における記述で、親鸞の六角堂においての救世観音の夢告の伝承に関わる内容であり、後者は、蓮如が「真宗中興」を志した年齢が、親鸞が無常の理を覚知し、菩提の道に通入した年齢と同じであることから、蓮如を親鸞の「化身」つまり、生まれ変わりと見るような記述である。

七里は、後者の蓮如十五歳の記述については、「蓮悟師が幾分潤飾の筆もて、十五歳とはいひしにあらずや」と、まず『遺徳記』の蓮悟による記述の仕方を「幾分潤飾」と評価した上で、自らの見解を、「余は大師の真宗中興を思ひ立ち賜へるは、必ずや其以前にありしを思ふ、然れども人十五歳となれば、既に成人の期に達せりとは古来の言伝へなれば、十五歳といふ齢は、人に奮発心を起さしむる時期なれば、一層此時より志望を堅固にせられしと見るは、至当なるが如し(25)」と示している。七里の見解は、蓮如十五歳の志については、蓮如を人間の成長発達という観点から理由づけした点で特徴的であろう。このような解釈は、七里の「史家」としてのまなざしの特徴として指摘できようか。

以下の「第二章」の内容を、箇条にして要約すると次のようである。

＊十七歳（永享三年〈一四三一〉）苦学ながら学問に勤しむ。
＊三十三歳（文安四年〈一四四七〉）東国を巡教する。
＊四十三歳（長禄元年〈一四五七〉）法主を継承。
＊四十六歳（寛正元年〈一四六〇〉）金森の道西の求めにより『正信偈大意』を著す。
＊五十一歳（寛正六年〈一四六五〉）大谷本坊が破却される。

とくにこの章後半の記述の大半は、「大谷本坊破却の一事」の年代確定作業が占めている。すなわち、『叢林集』『堅田日記』（『本福寺跡書』）がそれぞれ、文明三年（一四七一）説、寛正六年（一四六五）説（原文は「寛正元年」だが、校正ミスと思われる）を述べることを取り上げ、要するに「大谷の本坊を焼崩し、大師が祖像と身とを以て、近松に遁れ玉ひしは何時なりしかを研究」し、その確定を行っている。具体的には、大谷本坊の「日華門」建立を「叡山三塔の僧衆」による大谷本坊破却の直接的引き金とみなし、その年代を「文明三年」とする『叢林集』の記述の「誤り」を、同じく「寛正応仁ノ比」とする『実悟記』の記述との比較から指摘する。そのほか、『遺徳記』中の同件の記述が「長禄元年」（一四五七）の条内にあり、かつ「北国行」の事が「文明三年」の条にあることから、文明三年中に大谷破却・近江移行・北国（越前吉崎）移行を併記する『叢林集』の記述についても、「大谷破却の一件と北国行とは同年の出来事とは思へぬ」と批判を加えている。そして、『大谷家譜』

『本願寺門跡伝』『本願寺縁起』『御文』『実悟記』『聞書』など掲載の記事を比較検討しながら、結論的に『叢林集』の記事の誤ちを指摘し、「大師に常住昵近して大谷破却に遭遇せし、堅田本福寺の法住師の曾孫、明誓師の記録にして、信拠するに足る書」である『堅田日記』の寛正六年（一四六五）説を「私考」している。

そして、七里は、この大谷破却の年（寛正六年）より文明三年に蓮如が越前吉崎へ移るまでの間を「大師御一生の前半後半を劃すべき過渡期」とし、この章を終えている。(26)

②「第三章　恵燈大師……其後半世」

「第三章　恵燈大師……其後半世」は、『仏教史林』第三三・三四号の二号にわたるもので、六〇頁を占め、「大谷破却の一件」以降の蓮如が、越前吉崎に移る過渡期から「入滅」までを記述している。以下、必要に応じ主な出来事を年代ごとに追いながら、適宜、重要な記述について紹介していく。

＊五十七歳（文明三年〈一四七一〉）大津より越前吉崎へ移り、同地に御坊を建立する。以降、吉崎「留錫四年」の間に八十一通の『御文』を認めた。

＊文明五年頃　吉崎御坊に、貴賤、老若男女が「打群れ、遠きを厭はず」参詣し、余りにも「繁昌」したため、「諸宗緇素の間に物議を醸」した。

＊五十九歳（文明五年〈一四七三〉）蓮如、信徒に吉崎参集を禁ずる『御文』などを書く。

七里は、吉崎御坊「繁昌」の原因を四点から、次のように説明している。第一には、

応仁文明の乱は、我邦空前絶後の大乱にして、其初は当時盛に行はれし政略的婚姻、結親のも

つれより起りて、……此年文明五年に至りては……日本六十余州は、動力を与へられたる錘子の如く、動揺に動揺を重ね、人心恟々として、皆乱を思ひ、社会の潮勢は滔々として奔流し、恰も水雷火の如く、一閃の電火之に触るれば、忽ち爆裂し、恰も均衡を持せる秤盤の如く一毫を加へなば忽ち傾覆せんず有様なりし。此際に当りて、蓮如上人が吉崎の道場に来りて満腔の熱血を注ぎて、真宗の法幢を掲げしは、装置せる水雷のベスビヤスの噴火に触れたるが如く平均せる秤盤に千鈞の重を加へしが如し。人心の一時に彼の道場に傾注するに至りし事、恠むに足らざるなり。是吉崎繁昌の原因の一なり(27)。

と述べ、「応仁文明の乱」で奔流する「社会の潮勢」の中、蓮如が「満腔の熱血を注ぎて、真宗の法幢を掲げ」たことが「人心」を惹きつけた、と指摘する。第二には、

　真正の宗教は遂に発達せざりしと雖も、宗教心は頗る旺盛なりき。欧州に在りて、最も宗教熱の盛なりしは、中世暗黒時代、即かの十字役の行はれし時分なるべし。要するに戦乱の世には、宗教心の盛なるは明なり。これ無常を感ずること、泰平の世に比して一層切なるものあるに由るなり。これ大に吉崎繁昌を速きし原因の二なり(28)。

と述べ、戦乱の世においては人は無常を感じ、宗教心が盛んになるという例を、欧州の中世暗黒時代の十字軍遠征に求めて説明し、蓮如の時代に比定している。つまり、戦乱という時代社会下における宗教の「人心」への必要性から説明するのである。第三には、

　就中真宗の一念帰命の安心は、大に時機に相応せり、……六ケしき性相諸宗の教は、戦国武士の修せらるべきにあらぬはいふまでもなし。鎌倉幕府以来、学術は弥益に衰へて、殆ど口に一丁

字もなき戦国の人民には、如何是仏、麻三斤底の禅宗、頓は即頓なりと雖も、悟入の難きを歎ずるはなべての心中なりしなるべし。此時に当りて、大師は解し易く、行じ易き、一念帰命の法を……懇切に勧められしより、扨こそ上は国守より、下田夫野人に至るまで、帰依したるなれ、これ吉崎繁昌の原因の三なり。(29)

と述べ、蓮如が平易に「一念帰命の法」を説いたことが、時機に相応したためであるとする。第四に、

剰へ北国は宗教心に富む国柄なり。……現今と雖も、亦仏教繁昌の冠たる地なるを見れば実に北陸人士の宗教心に厚きは明なり、此仏教有縁の地に、大師は縦横無尽に勧説布教せしかば、響の声に応ずるが如く、真宗興隆を来せり、これ吉崎繁昌の原因の四なり。(30)

と述べ、「北陸人士」の宗教心が篤いことに、原因の一つを求めている。そのほか、「蓮如上人」の「北国」での布教の様子を『実悟記』から箇条書きで引用し、「布教に熱心なるや、少も労を厭はず、御斎前に二百幅、三百幅といふ、名号を書し(31)」などと紹介している。また、蓮如が「只管に弥陀の本願をたふとみよろこび、念仏を事とし、教導に勇み、如来、聖人の崇教を重じ(32)」たことを『実悟記』『聞書』から紹介している。

七里は、さらに「大師布教の手配を見んか」と、「道場建立婚姻結親の二は、恐く大師布教の善巧なる方便なりしなり(33)」と述べ、とくに後者の「婚姻結親」について触れ、『反古裏』の記事を紹介しながら、

大師は婦を娶る事前後数妻に及べり、……兎に角多妻主義なりしは明なり。……此等の婦人、皆顕門豪家の出たれば、其俗縁の親は、宗義の伝播を助けしや疑なし。まして男子十三人、女子

十四人の多きを、挙げられたれば、俗縁次第に蔓延して、宗教以外に本願寺の勢力を膨脹せしめし事は、頗る大なる者ありしなり。(34)

と、蓮如の「多妻主義」とその布教への効果を指摘している。また、いわゆる加賀一向一揆についてであるが、文明六年（一四七四）に、吉崎への出入りを禁ずる『御文』を発したが効果なく、併せて「大師の化導は、益盛なりしかば、政親は之を患ひて、常に抑圧の政策を取」ったので、同年、「本願寺門徒は之を怨みて、加越の門党へ檄を伝へて、一揆を起すに至」ったという。七里は、『越登賀三州志』よりその一揆の記事を引用している。

翌文明七年（一四七五）については、『遺徳記』『大谷家譜』『叢林集』などを参照に、蓮如が「賀州を巡教し、賀北二役の本泉寺といふに大師の第二子蓮乗法師を住せて、北国の化導を托し」、八月には、「国乱を避けて、北陸の地を去りて、畿内に入」ったことや、また、同年『叢林集』の富樫政親の死亡記事については、政親の死は、ほかの『越登賀三州志』『富樫記』『賀越闘争記』『蔭涼軒日録』『官地論』によれば、長享二年（一四八八）の一向一揆での事と一致していることを論拠に、その事実誤認を明らかにしている。

七里は、「恵燈大師蓮如」「第三章」、『仏教史林』第三三号掲載分の終わりに、

此時一向門徒は一揆を興して、国主に抗し、国難を為せしは疑なきもの丶如し、去ればこれより以後に大師制作の御文には、屢限ある年貢所当を守護地頭にいたすべきを諭し、仏法者気色を顕すべからず、念仏者顔をすべからず、と懇々戒められたり。……兎に角大師は四年留錫の霊場を捨て丶、復畿内に居を占めらる丶事となれり。(35)

と記述し、一向一揆のこと、蓮如が『御文』をもって一揆に関わる門徒に思い止まるよう諭したが無駄であったこと、さらに、蓮如が吉崎を退去し、畿内へ移ったことを、史実として確認し終えている。

続いて『仏教史林』第三四号掲載分の「恵燈大師蓮如」第三章後半の内容を紹介していく。まず、蓮如が畿内に移ってからの三年の間に泉州堺に御坊を建立したことや、文明八年（一四七六）には紀伊を「巡化」したことなどが記される。続く、文明九年から十一年は、『遺徳記』の記事が引用され、山科に新たに御影堂を建立する企図について記し、文明十二年（〈一四八〇〉六十六歳）には、山科に御影堂が落成した記事を、やはり『遺徳記』より引用している。以下、主な記事を箇条にして紹介する。

＊六十七歳（文明十三年〈一四八一〉）仏光寺経豪、蓮如に帰参する。

＊六十八歳（同、十四年）山科に本堂が建立し、両堂建ち揃う（『遺徳記』）。

なお、『遺徳記』では、蓮如六十八歳以降、明応五年（一四九六）八十二歳までの記事を欠いている。

＊六十九歳（同、十五年）　長子順如、「父大師に先ちて遷化御坐」す。

続いて、年齢では七十三歳（長享元年〈一四八七〉）まで、記事はない。

＊七十三・七十四歳（長享元・二年）「本願徒」が一揆を起こし、国守富樫政親を自害させる。

この長享年間の一向一揆の事実関係については、『越登賀三州志』『富樫記』『賀越闘争記』『蔭涼軒日録』『続武将感状記』『相州文書』『本朝通鑑』『官地論』『長享年後兵乱記』と、多くの戦記類などの史料より記事を比較参照している。

しかし、七里にとっては、「唯吾人の知らんと欲する所は、当時山科に善男善女の教化に暇なき大師が、長享頃の一揆と如何なる関係を有せしかに在り」というように、蓮如と一向一揆との関係こそが関心事であるとする。ただ、「惜い哉載籍の徴すべき少し、又聊の記事あるも偏見を免れざるものあり」と、七里はその例を、『続武将感状記』の記事に依拠しつつ、「蓮如上人ノ我門徒ヲ教化シテ、コノ不法ヲ行フモノヲ禁ゼザルハ何ゾヤ、……北国ノ民ヲシテ斂戟ヲ振ヒ、親戚離散シ、憲法ヲ猾テ顧ザルニ至ラシムルハ、殆是宗祖上人ノ罪人ナリ」と「痛く大師を攻撃」している記事を挙げている。(36)では、七里は、蓮如が一揆にいかなる関わり方をしたとするのか。七里は、次のように蓮如を弁護する。

北国の騒乱は、是偏に下間也超勝寺坊主輩の所為なれば、大師の関する所にあらずといふを得べきか、将たまた続武将感状記の所論の如く、大師の罪として皷を鳴して責むべきか、夫れ英雄時勢を造るか、時勢英雄を生ずるかは、由来一大疑問に属す、然れども余輩が信ずる所の如く、英雄とは時勢を作るものにあらずして、時勢に乗ずるものなりとせば、続武将感状記の論は少しく酷には過ぎざるか、大廈に将に倒れとするや、一木の能く支ふる所にあらざるは固よりなり、社会の潮勢一たび乱に傾きしや、滔々として一瀉千里の勢を以て奔流し、人心動揺して静止する所を知らず、此時に当りて、如何なる偉人傑士と雖も、独力以て怒濤を支へ、空拳以て狂瀾を既倒に回へす事は、到底能はざる所なり。(37)

七里は、「英雄」は「時勢に乗するもの」であるという。だから、たとえ蓮如であっても、「独力以て怒濤を支へ、空拳以て狂瀾を既倒に回へす事は、到底能はざる所」であるという。ただし、七里の

「英雄とは時勢を作るものにあらずして、時勢に乗ずるものなり」という英雄観は、あくまで「余輩が信ずる所」なのであって、その蓮如弁護の説得力については、それ以上のものではない。

＊七十五歳（延徳元年〈一四八九〉）蓮如、宗務を光兼（実如）に譲る。

＊七十八歳（同、四年）「諸国疫癘流行して死者頗る多く、惨状を極め」たため、「疫癘の文を作りて世人を慰め、専ら弥陀の本願を勧め」た。

この頃、『御文』による化導は途絶えたとされるも、蓮如の教化活動は、八十歳を超えても、「老体を以て、安逸を好むなく、孜々汲々として日を夜に継ぎて、布教に辛労し玉ふ有様」であり、「実に感ずるに余ある」と記述される。

＊八十二歳（明応五年〈一四九六〉）大阪御坊建立

＊八十四歳（明応七年〈一四九八〉）「不例の気出来て、耳目手足身体心安からず、覚したり、十月頃に至りては、愈容態宜しからねば、大師も最早死病たるを信じて、明春は必ず往生の本懐を遂ぐべきを仰せけり」。

七里は、この頃の、病中の有様を『遺徳記』『聞書』から引用紹介している。そして、往生について、

大師入滅の際に至るまで、実に心に掛りし事は、安心の乱れんことと兄弟の不和を生ぜん事にありしなり、……何時しか明応八年の弥生も半を過ぎ、下旬第五日にいたりて、念仏の声もろともに息絶えにけり。(38)

とだけ、記述している。『遺徳記』には、蓮如の往生について、「廿五日の暁大地鳴動しけり、聞人不

思議の思あり。是即権化入滅の瑞相なり。……時うつり夜明ぬれば、日光東嶺よりほのめいて清虚雲晴て金色に変ず(39)」という奇瑞の記述があるが、これは引用されていない。

以上、かなり長くなったが、七里の「恵燈大師蓮如」における蓮如出生から往生までについての記述をみてきた。その特徴については、彼の記述があくまで史実にこだわったものであり、多量の史料に基づいた、いわば実証性を重んじたものであったことが確認できるかと思う。それは、「大谷破却の一事」についての年代確定へのこだわりや、江戸時代の成立とされる『遺徳記』にみられる夢想などの奇瑞は参照されないという点からもうかがえよう。また、七里の関心事として、蓮如の布教活動の様子、一向一揆との関係、そして多妻であったことなどを、とりわけ取り上げ記述していたことも確認しておきたい。このうち一向一揆と「多妻主義」の件については、「恵燈大師蓮如」「第五章」で、別に七里が私見を詳しく記述しているので、後ほど問題にしたい。

③「第四章　恵燈大師……其滅後」

「第四章」は、「其滅後」と題されるが、実際は、生前の蓮如の功績を記述し、その遺徳を偲ぶ内容となっている。具体的には、多くの寺院を建立したこと、また、その寺院の「地理的分配」への配慮、各地への布教巡化、そして、多くの子供を持ったことが本願寺の勢力の拡大につながったということである。七里は、端的に「大師の時分よりして、真宗の寺院制度は、一の改革を行はれたる姿あり」とし、「宗教上の儀式」については、「説教作法、寺院道場の建築法、僧侶教育法。仏前荘厳、法衣装束、信徒接待法、報恩講儀式等、多少改革創定せられざるはなし」と述べる。また、「教理上」のことでは、蓮如により「新解釈、新説明を与へられしかば、殊に著しき教義上の進歩を呈したるの時」であったと述べる。七里は、このような功績が認められて、朝廷より、「大師の謚号を賜は」ったのだとしてこの章を終えている(40)。

④「第五章　恵燈大師……其余論」

「第五章」は、その論点を概観しておきたい。七里は、「世人の批評」を二点取り上げ、それについて「一言すべきの義務を有するを信ず」として、私見を加えている。その二点は具体的には「大師が数人の婦人を有せられし事」と「兵力を用ゐて弘教を謀りし疑ある事」である。

まず、七里はこのような「世人の批評」についてなされる反論を三種類取り上げる。その三種類の一は、偉大な蓮如にそんなはずがないという偏った護法的な「頑固なる見解」。二は、仏法はそもそも国に害あるという本願寺批判的な「偏僻なる見解」。三は、「強ちに現今の思想理論を以て、論定せん」とする「史的感念に乏しき見解」であり、七里はこれらを「去りて、至誠を以て、最公平に、親切に、探究して、事実の真相を得んと勉められん事を希はざる能はざるなり」と自らの立場を述べ(41)、それら三種類の反論を退けながら、次のように、自らの歴史研究における史料分析の方法を明示している。

而して至公の判談《ママ》を下さんには、左の三条件を充さんことを要す。

第一　当時の事情に関する記録、文書類を普く精査する事。

第二　当時の時勢、思想の傾向を稽査する事。

第三　其人の当時遭遇せし位置、身分、行掛等を明察する事。

……先右の三条を旨として考察せば稍真相を得るに庶幾からんか。(42)

ここからうかがえるのは、「第一」からは、史料類の重視であり、「第二」からは、歴史的な分析を行う上での同時代性の重視であり、「第三」からは、とくに人物評価に関わることで、その人物が置かれていた社会的身分・立場・状況を含めて考察すべきこと、以上の三点である。このような条件を立てながら、七里は、まず第一点目の多妻をめぐる批判への反論を次のように述べる。

第一の疑点に付ては、……仮令一時に妻妾数人並べありしとするも、当時俗人社会にありて、殊に普通の事にして、一夫一婦の議論もなければ、蓄妾は背徳なりとの思想もなかりしなり。只僧侶にして蓄妾は不徳なりといはんか、これ時勢を知らざるの論のみ、……而して妻帯可否論は、遅くとも宗祖見真大師の時に已に事済みたりといふべし。……已に妻帯を当然なりとせば一夫多妻は亦当時の習慣に於て、自然当然の事にして、一夫多妻は背徳なり乖理なりなどとは、夢にだにせざる所にして一夫一婦と一夫多妻とは道徳上何の相異もなかりしなり。(43)

先ほどの三条件の中で言えば、「第二」の観点、すなわち同時代性（＝「当時の習慣」「時勢」）に着眼し、道徳的に問題はないとの旨を述べ、明らかに蓮如弁護のための反論となっている。

次に、第二点の、一向一揆への加担批判については、

第二の疑点に付ては、頗る苦心して、記録の材料を蒐集せんと勉めたれども戦争の有様、一揆の掛引等に付ては、随分委しき記事も何れ《ママ》ども、其間に、大師が如何なる関係を有せしか、其消息を伝ふるもの極めて少きに困したり。……余が第一条件といひし、当時の事に関する記録、文

書類を普く精査すといふに付て、余の得たる所の材料は、上に挙げし位に過ぎざるなり。今か此稿の初に於て、応仁前の社会の状態は略叙述したり、応仁以後、文明長享の頃に至りては、戦国の世と称する一言にて、其如何なる世なりしかは略推察し得べきなり。斯る人々乱を思ふといふ社会にありて、本願寺なくとも恵燈大師あらざりしとも、又別に何等かの原因によりて、種々の騒乱を醸せしや明なり。何となれば、皇室柳営皆威を失ひ殆ど無政府の有様なりければなり(44)。

と、「三条件」で言えば、「第一」の多くの記録、文書類を精査したくても「材料」がなく、この事柄についてはそもそも不明であるという。これは、いわば、「第一」の条件に拠り、史料がないので蓮如の一揆への関与の事実は不明であるとして、蓮如への批判を回避する反論となろう。また、「材料」がないために、七里は、当時の戦国時代という戦乱時代の状況に原因をもとめ、さらに当時の朝廷の「威」からみても、「無政府の有様」であり、「騒乱」は蓮如と無関係に起こり得たと説明している。これは「第二」の条件をもっての蓮如弁護ということになろう。

ただし、この一揆の問題が、「国守の命に背く」という側面をもっていたことについて、七里は、十七世紀、英国での宗教革命の例を挙げ、「宗教争論の激烈なる」ことを述べ、「漫に国守の威を以て服せしめんとて、最も旺盛なる、最も熱心なる本願寺門徒を厳禁せんとす、治道に暗きも甚しといふべし(45)」と富樫氏を批判し、次にみるように、さらにこれを「信仰の自由」の問題として展開している。

兎にも角にも将軍の威を借りて、賀州一国の一向門徒を厳禁せんとす、此時に当りて大障碍を蒙るべき大師身を切らるゝよりもつらく感ぜらる上人は、如何処すべき、一時本坊を焼却せらるゝとか、国内にて布教を禁ぜらるとかならば、又何処へか遁れもすべく、他国へ移りもすべし。

幾万の信徒、悉く信仰の自由を妨げられ、千辛万苦して弘通せしも己が唯一の真理にして、衆生を済度すべきは唯だ此一道に限り、他に二もなく三もなしと信ずる宗教を、一言の下に厳禁せられ、討伐せらる、大師之を甘受し得べきか(46)。

このような「信仰の自由」を議論に持ち出しながらの蓮如伝は、まさに「恵燈大師蓮如」が有する「近代」の蓮如伝としての特徴と言うべきであろう。さて、このように述べた上で、七里は、

宗祖見真大師は、後鳥羽上皇の怒に触れて、北地に流さるゝや、主上臣下背《キ》レ法違《ヒ》レ義成《ニシ》レ忿《ヲ》結《ブ》レ怨《ヲ》因《テ》レ茲《ニ》真宗興隆《ノ》太祖源空法師幷門徒数輩不レ考二罪科一猥《シク》二死《レ》罪一云々と断言して憚らず、加之配所にありて、益念仏成仏の宗義を弘興せられしを見るべし、是即ち宗教家の本領にして、決して耻づべき事無かるべき事にあらざるなり。……自ら大師の位置に成換りて、其処せんとする所を熟考すべし。必や幾分武力に頼る位の奇道は取るべきは自然の勢にあらずや(47)。

と、親鸞が承元元年（一二〇七）、後鳥羽上皇によって、越後に流された際、朝廷を批判しつつ、布教に努めた態度を、私自身が同じ立場であったら、と七里は肯定的に評価するのである。そして、結論的には、

大師が一世の間、東西に奔走し、南北に巡教し玉ひし跡を見ても、諍論は避け得らるゝ限り、之を避け、危邦には居らず、乱邦には入らざる用意は、誠に堅固なるを見るに足る。唯夫一国の門徒を全然見放すべしとか、おとなしく国法を遵守して、旁ら真宗の教義に帰依するものをも、依怙の沙汰に由りて、厳禁せらるゝ如き、極端なる圧制を蒙りて、遁るゝ所なきに至りて、初めて身命をも捨てゝ、馳走するを難有本望と言ふにありと見んは、恐く公平の観察なるべしと余は

信ずるなり。(48)

と述べている。ここには、やはり真宗の教義に帰依する門徒たちの信仰が「極端なる圧制」を蒙った場合には、それへの「身命をも捨て丶」の抵抗を肯定する七里の見解をうかがうことができよう。

そして、末尾において、「滅後廿余年にして、黄金一万貫を献して、皇室の御大礼を資け奉りしを思へば、大師の功偉なりといふべし。称して中興上人となせども、単に本願寺の中興のみならず、我邦仏教の中興者といふも、決して溢誉にあらざるべし(49)」と蓮如の「偉人」さが強調され、「恵燈大師蓮如」は「完結」する。

この「余論」部分は、蓮如についての「世人の批評」への七里なりの批評がなされているものと見なされよう。しかも、その論理の特徴は興味深いが、それについては次節以下で考察することとし、本節では以上の概略に止めておく。

三　「史学の眼識」と蓮如評価

本節では、以上のような「恵燈大師蓮如」の内容と特徴を踏まえた上で、さらに、七里辰次郎の「史学の眼識」が蓮如を見出すその「仕方」に着眼しながら検討することにより、その特徴を七里個人の問題に還元させて理解するのではなく、「はじめに」で述べたように、近代の仏教史研究という歴史学の言説性の問題として考えたい。この「蓮如を見出すその「仕方」」と筆者が言うのは、蓮如の「実像」を七里が物語る際に行っている解釈的操作のことである。(50)つまり筆者は、七里が蓮如伝を物語るという営みに介在する史料解釈に注目することにより、そこに、「近代」の学知としての仏教史学研究からする語りのありようを見てみたいのである。

ただし、七里の史料解釈を問題にするということは、彼が選択した史料の信憑性や、史料選択の有効性を問うことにも関係してくるのだが、本章では、あくまで、七里が蓮如伝を再構成する際にする、解釈の仕方それ自体にとくに注意するものである。蓮如伝、ひいては「近代」の学知としての仏教史学という問題を考えることに主眼を置いているので、そうした史料自体の価値性・信憑性などの問題には立ち入らないことにする。したがって、たとえば、七里によって選択される蓮如にまつわる事件、事柄が何かということ、あるいは、それがどのような七里の評価を伴って解釈・記述されるかが問題となる。本節では、以上述べた関心に従い、「恵燈大師蓮如」の記述についてさらに考察を加えることにする。

そこでまず、次のような七里の史料解釈を見てみたい。これは、蓮如三十五歳のときの『遺徳記』の記事で、本章第二節では、とくに触れずにおいたものである。

宝徳元〔先師三十五歳〕初て北地に下向し給ひて、或は旧古蘭若に夜をあかし、或は黔首の甕牖に日を暮して、もはら貴賤を度し、偏に緇素を導て居諸を送り、其後越後の国に下ましまして聖人の晨暮を重たまひし国府に居住し、倩往昔の尊跡を歴覧し、聖人此処にして幾の群類をか化し給らんと思召に付ても、亦当時に至て、門徒も繁昌し道俗帰伏する事往の化導と符合する事と思召て、歓喜のおもひ身にあまり、又一は聖人の在世を慕ひつゝ、それより北山鳥屋野院浄光寺に入給ひ、猶尊跡を見給ひて、感涙をまじへたまへりと。〔云云〕暫く下鄙の境こゝかしこに休息し給ひて華洛に還給ひけり(51)。

このような、蓮如三十五歳のときの、熱心な布教の姿を物語る記事を引用しながら、七里は次のような解釈を付している。

　此両度（東国、北国…引用者）の行に於て、遍く宗祖の遺跡を巡拝し、至所に真宗の法幢を翻して、王法仏法と弁称して、真諦俗諦相依り、相資けて、生きては国家の良民となり、死しては極楽無為の涅槃界に往生すべしといふ、宗風を宣揚し玉ひしかば、都鄙の老若、皆心を傾け、真宗の興隆は旭日の東天に昇るが如くなりき(52)。

ここで、注目したいのは、七里が「王法仏法と弁称して、真諦俗諦相依り、相資けて、生きては国家の良民となり、死しては極楽無為の涅槃界に往生すべしといふ、宗風を宣揚し玉ひしかば」という具合に、この『遺徳記』の引用記事を解釈している点である。要するに、蓮如が人々に対して、「王法仏法」「真諦俗諦相依」して「国家の良民」たることを布教し、「宣揚」したというのである。七里は、「王法仏法」「真諦俗諦相依」「国家の良民」という『遺徳記』の引用にはない語句を付加しつつ、解釈しているのである。筆者は、この七里の解釈上の操作を、単に前近代からある王法仏法・真俗二諦相依論をもってする伝統的な蓮如の教義についての解釈とみなすべきではないと考える。「大師の伝を研究する」ことが、「国史の一半を研究する」（傍点引用者）ことにもなり、「史に志あるものは、研めざるべからざる問題」だとする近代の「史家」七里が言う「国家の良民」というタームには、国民国家の歴史たる「国史」と共存する近代国民国家の「国民」としての意味合いを、読み取らなくてはならないからである。そして、このような形での近代の仏教史家、なかんずく真宗史家の「国民」

（＝「良民」）の見出し方が、十五年戦争後、服部之總が「いはゆる護国思想について[53]」において批判的に回顧したことだが、親鸞消息中の「念仏まふさん人々は、……朝家の御ため、国民のために、念仏まふしあはせたまひさふらはば、めでたふさふらふべし」（傍点引用者）の一節が、「戦時中百万べんも愛用され力説[54]」されたということと無関係ではないことを指摘しておきたい。

さらに、本章第二節の④で確認した「第五章」の内容を再度取り上げながら、保留しておいた七里の「史学の眼識」がする解釈の特徴を考察したい。

「第五章」において七里は、「世人の批評」として「大師が数人の婦人を有せられし事」と「兵力を用ゐて弘教を謀りし疑ある事」を取り上げていたが、ここでは、まず前者への七里の反論をみてみたい。七里は、捨て去るべき見解として偏った護法的な「頑固なる見解」、本願寺批判的な「偏僻なる見解」、「強ちに現今の思想理論を以て、論定せん」とする「史的感念に乏しき見解」を挙げ、それを「去りて、至誠を以て、最公平に、親切に、探究」すべきとしていた。具体的には、史料類の重視、歴史的分析上での同時代性の重視、人物の社会的身分などの位置への重視とに纏められる。こうした立場から、七里は、その世人の一夫多妻批判について、

仮令一時に妻妾数人并べありしとするも、当時俗人社会にありて、殊に普通の事にして、一夫一婦の議論もなければ、蓄妾は背徳なりとの思想もなかりしなり。……一夫多妻は亦当時の習慣に於て、自然当然の事にして、……一夫一婦と一夫多妻とは道徳上何の相異もなかりしなり[55]。

と反論したのである。「当時の時勢、思想の傾向を稽査する事」という自らの原則に従うわけである。

ところで、七里は、この蓮如の多妻について、

大師は婦を娶る事前後数妻に及べり、……兎に角多妻主義なりしは明なり。……此等の婦人、皆顕門豪家の出たれば、其俗縁の親は、宗義の伝播を助けしや疑なし。まして男子十三人、女子十四人の多きを、挙げられたれば、俗縁次第に蔓延して、宗教以外に本願寺の勢力を膨脹せしめし事は、頗る大なる者ありしなり。(56)

と、布教の点から、いわば容認をしていた。実は、このような見解は、「蓮如の生涯を史学研究の上で最初に著わした(57)」とされる一九二六年（大正十五年）刊の佐々木芳雄著『蓮如上人伝の研究(58)』でも述べられており、佐々木の見解の基調は、布教への「効果」などを評価するもので、その点では、七里の見解と大きな違いはない。参考までに、次に紹介しておく。

世人は上人の夫人五人に及ぶを以て、或は其閨門（家庭の風儀・夫婦の間柄…引用者）の不整斉を語らんとするものがあるが如きも、……同年に於て二腹の所生児を見ない。又夫婦年齢の相違甚だしきものあるは、其間特異の事情もあつたものであらう。而して其夫人が武門公卿の所出多きは、上人教界の地位と、本願寺の隆昌等とを併せ考ふべきであらう。上人が晩年迄子女に富めるは是終生の活動と対比して、健康体の持主であられたことが首肯せられる。実に上人の如き健康の持主にして、よく一宗再興の業をなし得たものと云ひ得る。各地に於ける子女の活動は、教界組織の鞏固を計る点に効果の大であつた事を想到しなければならぬ。(59)

ここには、蓮如が五人の夫人と多くの「子女」を持ったことについて、健康面、布教面から弁護する論調がうかがえよう。ただ、先に七里が「当時の時勢、思想の傾向を稽査する事」という自らの解釈原則に従いながら、「当時俗人社会にありて、……一夫一婦の議論もなければ、蓄妾は背徳なりとの思想もなかりしなり」と述べたような、同時代の「時勢、思想の傾向」を考慮に入れた解釈は佐々木の著書にはみられない。その点については、七里がする解釈の特徴として、押さえておいてもよいと思われる。

ただし、本章の関心から重要なのは、七里の反論の説得性ではなく、彼が自らの解釈原則に従いながら、蓮如の「多妻主義」を弁護した行為そのものである。明治時代になり、一夫多妻を一応否定する考え方が、蓮如の生き方を捉えたとき、多妻というあり方は批判的に評価されることは容易に察しがつく。七里は、そうした「世人の批評」に対して「第五章」を設定し、反論を試みたわけだが、この七里の「史学の眼識」からする蓮如の歴史評価を伴う言説に、一夫多妻を問題化する言及がなされているということ自体に、近代の歴史的言説としての蓮如伝の特徴の一つがあると言えよう。

四　仏教史家七里辰次郎の立場性と困難

ところで、「恵燈大師蓮如」冒頭の「大師は我邦の偉人なり」という七里の言辞は、まさに著者七里の蓮如評価の凝縮であり、いわばその宣言とみなすべきものであろうし、彼の蓮如弁護の立場を予想させるものとしてある。そして、このような著者の宣言は、同時に、歴史的言説としての蓮如伝に、ある統一的な縛りをかけるものと言ってよいだろう。このような蓮如への評価を含む宣言から否応無く読み取れる七里の「私」性こそは、たとえ彼が、「当時の事情に関する記録、文書類を普く精査する事」「当時の時勢、思想の傾向を稽査する事」をもって歴史評価の「至公」性の条件としても、その「至公」の評価の試みを難しくするものであっただろう。

おそらく、七里はそのことに自覚的ではなかっただろう。七里が抱えた矛盾は、たとえば「第五章」の二点目の反論の論理に見えている。それは、七里が一向一揆をめぐる蓮如に対する「兵力を用ゐて弘教を謀りし疑ある」という「世人の批評」[60]について、第二節の④で触れたように、「幾万の信徒、悉く信仰の自由を妨げられ、千辛万苦して弘通せしも已が唯一の真理にして、衆生を済度すべきは唯た此一道に限り、他に二もなく三もなしと信ずる宗教を、一言の下に厳禁せられ、討伐せらる、大師之を甘受すべきか[61]」と、「信仰の自由」に依拠しながら蓮如を弁護する記述である。

さて、七里は「強ちに現今の思想理論を以て、論定せん」とするのは、「史的感念に乏しき見解」であり、これを「去りて、至誠を以て、最公平に、親切に、探究して、事実の真相」を明らかにすべきとしていた。これは、繰り返せば、一夫多妻にとくに批判的でなかった蓮如時代なのに、蓮如の多妻を問題にするのは、「現今の思想理論を以て、論定」する過ちということになろう。このことを確認しながら、先ほどの「信仰の自由」論に依拠した一向一揆擁護の七里の記述はどう判断すべきだろうか。七里の揚足を取るようだが、「信仰の自由」という明治時代の「現今の思想理論を以て」の「論定」になるのではなかろうか。

七里の記述の矛盾を指摘することは、それほど難しいことではない。むしろ、このような七里の蓮如伝から我々が見出すべきこととは、近代の仏教史学の自覚に立ちながらする、歴史記述の困難さではないだろうか。近代日本に新たに受容された諸思想との出会い、またその影響下にある「世人の批評」への配慮、あるいは「国家を思ふ忠義心」を自覚し、そして「大師は我邦の偉人なり」という蓮如認識を抱く立場性など、複数のファクターへの対応に翻弄される仏教史家七里の姿が目に浮かぶ。そして、見届けなくてはならないのは、仏教史家七里が、その立場に伴って、何を言説上で語らずに隠蔽しようとしたかである。それは蓮如の「多妻主義」の問題であり、「一向一揆」への加担説の問題だろう。前者については、「当時の慣習」であったので問題はないという語り、後者については、現在では「信仰の自由」の主張として認められるべきであるという語りによって……。ともに蓮如を弁護する七里の語りは、その点では一貫性を有しているかもしれないが、やはり、この語りには、御都合主義的な感は拭えないのではないか。むろん、七里を責めようというのではない。歴史家が歴史を記述するということに関して考えれば、歴史家の置かれた立場に伴って、その記述内容が左右される様をこそ、近代の仏教史家七里の蓮如伝の見逃してはならない特徴として、確認しておくべきであろう。

おわりに

歴史学の自覚からする仏教の史的言説に蓮如伝は登場させられた。それは、奇瑞の記事などが含まれる前近代の蓮如伝を、近代に新たに再構成させる試みでもあった。七里辰次郎は、歴史記述の際に、とりわけ史料を重視するという方法を用いていた。それは、多種の史料を駆使して記述したり、また複数の史料を批判検討し、年代確定をする姿勢からもわかる。このような蓮如伝「恵燈大師蓮如」は、歴史研究の自覚を伴わなければ、むろん成立し得なかっただろう。そして、同時にこの蓮如伝は、

「大師は我邦の偉人なり」とする七里の一定の立場性から史料を解釈する営みでもあった。

「恵燈大師蓮如」は、以上のような七里の自覚と立場性に基づき、明治という時代の問題意識が読み込まれながら、再構成された蓮如伝であったと言ってよいだろう。それまでの蓮如伝が、ほぼその一生涯と夢や奇瑞、そしてその遺徳を記述するのに終始していたのに対し、七里は、そうした事柄は、極力、記述から除き、新たに、当時の「世人」が問題にしていた、多妻と一揆の問題を論じたわけである。むろん、それらの問題に関してなされる七里の蓮如評価は、その立場性に規定されながら行われたのであった。

先に簡単に触れた佐々木芳雄著『蓮如上人伝の研究』が、やはり、その最終章に「一向一揆と上人」という章を独立させて設け、第十章「子女及び門弟」では、多妻について触れるなど、蓮如評価の視点に、「恵燈大師蓮如」との共通点があることには注意すべきである。この共通の問題とは、かつての蓮如伝にあった夢、奇瑞の記述を除いていこうとする意識とパラレルに、近代の蓮如を語る言説の遡上に、新たに論ずべきテーマとして見出されたもの、と言えるのではあるまいか。

本章においては、「恵燈大師蓮如」の歴史記述としての厳密性は問題ではない。七里の営みに、近代の日本仏教史学の夜明けに試みられた中興の祖蓮如を語る歴史的言説の特徴と、それを記述する仏教史家七里の立場に伴う記述行為の困難さこそを、確認すべきであろう。

註

（1）柏原祐泉『日本仏教史　近代』（吉川弘文館、一九九〇年、九三～九四頁）。そのほか、同「近代仏教史学の成立とその課題」（『真宗史仏教史の研究』III、平楽寺書店、二〇〇〇年）などを参照。
（2）「仏教史研究の必要を述べて発刊の由来となし併せて本誌の主義目的を表白す」（『仏教史林』第一号、一八九四年〈明治二十七〉四月、二～三頁）。
（3）日本仏教史研究の成立に関わる問題については、柏原註（1）前掲論文のほか、末木文美士が、「『日本仏教』を再考する」（『日本仏教思想史論考』、大蔵出版、一九九三年）で、論じている。
（4）「仏教史研究の必要を述べて発刊の由来となし併せて本誌の主義目的を表白す」（『仏教史林』第一号、一八九四年〈明治二十七〉四月、五頁）。
（5）同前、五～六頁。
（6）同前、九～一〇頁。
（7）二葉憲香「現代日本仏教史学の展開（一）」（『龍谷史壇』三四〇、一九五〇年、一一三頁）。
（8）宮地正人「幕末・明治前期における歴史認識の構造」（日本近代思想大系『歴史認識』、岩波書店、一九九一年）。
（9）『仏教史林』第三二号は、一八九六年（明治二十九）十一月八日発行。第三五号（一八九七年〈明治三十〉二月八日）まで、毎月八日発行。第三六号には、「恵燈大師蓮如正誤」と題し、正誤表が掲載されている。
（10）大桑斉と西田真因による対談「シリーズ新たな蓮如上人との出会いを求めて」最終回「近代蓮如、そして今」（『真宗』一九九七年三月号）では、「近代」を問うための「蓮如」ということが話題となっている。
（11）七里辰次郎「仏者は歴史の攻究を忽にすべからず」（『無盡燈』第二巻七号、一八九七年〈明治三十〉、一七～一八頁）。
（12）同前、一五頁。
（13）名畑崇「親鸞文献目録」（『理想』五六九、一九八〇年）、『親鸞大系』別巻「真宗関係文献目録」（法藏館、一九八九年）を参考にした。
（14）細川行信『親鸞大系』歴史篇、第二巻「解説」（法藏館、一九八八年、四七九頁）。
（15）白川慈攝編『真本叢林集』全六巻、一八八一年〈明治十四〉刊。事集三巻分を欠く。
（16）七里辰次郎「仏者は歴史の攻究を忽にすべからず」（『無盡燈』第二巻七号、一八九七年〈明治三十〉、一四頁）。

(17)「恵燈大師蓮如」(『仏教史林』第三一号、五三頁)。
(18)同前、五三～五四頁。
(19)『蓮如上人遺徳記』の成立については、大桑斉「中世末における蓮如像の形成」(『大谷大学研究年報』第二八号、一九七六年)を参照のこと。
(20)「恵燈大師蓮如」(『仏教史林』第三一号、五四～七頁)。
(21)同前、五八頁。
(22)同前、五九～六〇頁。
(23)同前、六〇～六一頁。
(24)『蓮如上人遺徳記』(『真宗聖教全書』第三巻、歴代部、八七一頁)。
(25)「恵燈大師蓮如」(『仏教史林』第三一号、六三頁)。
(26)同前、六九～七九頁。六九頁中の『堅田日記』が示す大谷破却の年は「寛正元年」だが、七〇頁では同書の説が「寛正六年」と知られ、また堅田修編『真宗史料集成』第二巻(同朋舎出版、一九八三年)所収「本福寺跡書」には「寛正六年正月九日ノ日ノ事也」とある。なお、『蓮如上人行実』(真宗大谷派教学研究所編、一九九四年)によれば、本願寺は、寛正六年正月十日と三月二十一日の二度にわたり、比叡山衆徒によって破却されている。
(27)「恵燈大師蓮如」(『仏教史林』第三三号、四七～四八頁)。
(28)同前、四八頁。
(29)同前、四九頁。
(30)同前、四九～五〇頁。
(31)同前、五五頁。
(32)同前、五六頁。
(33)同前、五七頁。
(34)同前、五八～五九頁。

(35) 同前、六八頁。
(36)「恵燈大師蓮如」(『仏教史林』第三四号、四二〜四三頁)。
(37) 同前、四五頁。
(38) 同前、五六頁。
(39)『蓮如上人遺徳記』(『真宗聖教全書』第三巻、歴代部、八八五頁)。
(40)「恵燈大師蓮如」(『仏教史林』第三五号、四八〜六一頁)。
(41) 同前、六一〜六二頁。
(42) 同前、六二頁。
(43) 同前、六二〜六三頁。
(44) 同前、六三〜六五頁。
(45) 同前、六五〜六六頁。
(46) 同前、六六頁。
(47) 同前、六七頁。
(48) 同前、六八頁。
(49) 同前、六九頁。
(50) ミシェル・ド・セルトーは、「歴史を一つの操作として」見なしている。セルトー著『歴史のエクリチュール』(法政大学出版局、一九九六年)第一章「歴史作法」、第二章「歴史記述の操作」を参照。たとえば、次のようなセルトーの指摘は本章には、示唆的である。「《歴史的諸事実》はすでに、《客観性》への意味の導入によって設定されている。それらは、分析の言語活動において、それ以前からあり、それゆえ観察の結果ではない――また《実証可能な》ものでさえなく、ただ批判的検討のおかげで《偽造可能な》ものにすぎない――もろもろの《選択》を言い表す。かくして《歴史の相対性》は一幅の絵を形成するが、そこでは歴史のある総体を背景に個人的哲学のかずかずが、つまり、歴史家の衣装をまとった思想家の哲学の多様性がくっきりと浮び上がるのである」(「歴史記述の操作」、七一頁)。すなわち、歴史を記述する行為というものが、歴史家の「哲学」と無関係ではありえないというのである。セルトーは、歴史家の「操作」性を鋭く指摘するのである。セルトーの指摘は、本章に関して言えば、七里辰次郎がいかなる信仰的立場から、蓮如像を史的に記述しているか、という側面への留意を促してくれる。

(51)『蓮如上人遺徳記』(『真宗聖教全書』第三巻、歴代部、八七二～八七三頁)。
(52)「恵燈大師蓮如」(『仏教史林』第三二号、六六頁)。
(53)服部之總「いはゆる護国思想について」(『親鸞ノート』、福村出版、一九六七年)。
(54)同前、一〇一頁。
(55)「恵燈大師蓮如」(『仏教史林』第三五号、六二～六三頁)。
(56)「恵燈大師蓮如」(『仏教史林』第三三号、五八～五九頁)。
(57)細川行信『親鸞体系』歴史篇、第七巻「解説」(法藏館、一九八九年、五八四頁)。
(58)佐々木芳雄『蓮如上人伝の研究』(中外出版、一九二六年)。
(59)同前、二七五～二七六頁。
(60)七里は、『仏教史林』第三六号の正誤表の最後に、「蓮如世ノ乱ルヲ観テ兵ヲ蓄ヘ衆ヲ脅シテ其宗ニ帰セシム」という『国史眼』の蓮如評を取り上げ、それには、同意しないと述べている。ここから、七里が意識していた二つめの「世人の批評」とは、明治初期の考証史を代表する通史である『国史眼』の、まさに、この蓮如評価であったことが知れる。七里は、その意味で、久米邦武ら当時の史家の蓮如解釈に抗しようとしたことになるが、そこに、七里の仏教史家としての立場がうかがえよう。
(61)「恵燈大師蓮如」(『仏教史林』第三五号、六六頁)。

＊「恵燈大師」は「慧燈大師」が正しいが、原文のママとした。
＊史料の引用に際し、一部の旧字を現行漢字に改め、また適宜、句読点・濁点を補った。

第五章　仏教婦人雑誌『家庭』にみる「家庭」と「女性」
――「精神主義」のジェンダー――

はじめに――『家庭』誌の概観とその性格

「精神主義」運動の拠点となった浩々洞のメンバーであった安藤州一が、雑誌『現代仏教』第一〇五号、「明治仏教の研究回顧」特集号に「浩々洞の懐旧」と題する文章を寄せている。一九三三年（昭和八）のことである。その浩々洞の思い出を綴るくだりに、安藤は、『家庭』という雑誌について次のように触れている。

　京都で『家庭』といふ婦人雑誌が発行せられて居たが、これは近藤純悟君が専ら編輯の任に当つて居た。それが近藤君の入洞と共に浩々洞に移され、『精神界』と『家庭』と、宛も新夫妻の如く並行したが、浩々洞の真面目は、『精神界』の上に発揮せられてあつた。(1)

近藤純悟（一八七五～一九六七。「真宗大学」を一八九九年〈明治三十二〉に卒業、一九〇二年〈明治三十五〉真宗大学教授就任）が編集する「婦人雑誌」『家庭』が、始めは京都で発行され、後に近藤が浩々洞に入洞してからは、その浩々洞において発行されるようになり、あたかも『精神界』（浩々洞機関誌）と「新夫婦の如く並行した」というのである。この文面から、実は、浩々洞においては、

『精神界』以外に『家庭』という「仏教婦人雑誌」が発刊されていた、少なくともそういう時期があったことがうかがえる。

しかし、この『家庭』という「仏教婦人雑誌」については、近代の仏教史・思想史研究において、従来、まったくと言っていいほどに、関心をもたれてこなかったようで、事実、これを取り上げて論じた先行研究は、管見では見当たらない。そこで、序章に従い、本章では、従来注目されてこなかったこの『家庭』誌を通して、近代日本の仏教者、とりわけ浄土真宗の教学者たちが語り出す「家庭」と「女性」像とを考察するものである。

さて、そこで、安藤州一の文章を参考にして、『精神界』を手がかりに『家庭』について調べると、『精神界』創刊号（一九〇一年〈明治三十四〉一月刊行）には、次のような『家庭』の広告が掲載されている。

『家庭』毎月一回五日発行　一部定価郵税共六銭　半ケ年分三拾六銭一ケ年分七拾二銭

第一号目次

◎因果《（ママ）》と諦《（ママ）》らむること（清沢満之）　◎一念の信心（河崎顕了）　◎心界百話（今井昇道）
◎楽しき家庭（近藤杜子）　◎児童と家庭（湯口藻川）　◎教師としての母（山田夢白）
◎言語と動作に就きて（藤波石水）　◎家庭の音楽（安藤荻洲）　◎貞婦房氏の伝（安藤荻洲）
◎心と顔と（岫北斗）　◎行為と精神とに就きて（石原素兮）　◎待人と門番（三舟生）
◎御釈迦様の夢判じ（曾我臨水）
◎同人の消息◎第十九世紀の日本婦人◎女学世界◎布哇の幼年教育◎露国に於ける婦人保護会◎

献立書の寄付◎茶道学講義録◎女子制服改良の意見◎女子教育機関の設置◎米国の一少女
付録　◎籔路（夢白）　◎祝歌、祝詩、祝文（知名の諸師）
発行所　山城国紀伊郡東九条村字烏丸六十二番地　家庭雑誌社

『家庭』創刊号の巻頭には、浩々洞主幹清沢満之の論考が掲げられたのであり、「信心」「家庭」「児童」「母」「音楽」「貞婦」「第十九世紀の日本婦人」「女学世界」「幼年教育」「茶道学講義録」「女子制服」「米国の一少女」など、この目次に並ぶ論題やその語句の一部からうかがわれるその内容は、興味深いものがある。

そこで、まず『家庭』という雑誌について概観しておく。その第一巻第一号の創刊は、一九〇一年（明治三十四）一月で、月刊誌であり、価格は一部六銭であった。ちなみに、同時代の主な雑誌の価格を見ておくと、一八九五年（明治二十八）創刊され、たいへん多くの読者をもった総合雑誌『太陽』が一五銭、『精神界』創刊号の価格は一二銭、真宗大学内無尽燈社発行の『無尽燈』は一部一〇銭となっている。名称については、創刊号より第三巻第一二号までが『家庭』であり、一九〇四年（明治三十七）一月、第四巻第一号より、「家庭問題より一歩を進め個人の修養」すべく『仏教婦人』へと変更するが、翌一九〇五年（明治三十八）一月、第五巻第一号から再び『家庭』へと名称を戻している。大きさはA５判で、頁数は各号によってばらつきはあるが、各号四十～六十頁ほどである。表紙には、花の絵や、書物を手にした女学生と見受けられる女性の絵がデザインされており、編集者側が、主な読者として女性を想定していたことが推測できる。『家庭』を各地の仏教婦人会の会合で配布したという記事もあることから、実際の読者としては、そうした婦人会に参加した寺院の坊守や、檀家の婦人たちなどもいたことが推定できよう(2)。なお、発行部数については、不明である。発行者については、「大日本仏教婦人会」を名乗り、「高倉真宗大学内『家庭』雑誌庶務部」が、事務窓口を担当している。『精神界』第八号の記事「我等の書室」には、『家庭』は次のように評されている。

（一三）『家庭』　京都日本仏教婦人会

近藤純悟君の主として編輯せらるゝ所、而して我等同志の諸兄、多く之に関係せらる。その労は、我等の常に謝する所なり。我等は是に多くの讃辞をのぶるをひかえむ。たゞ望む所は、猶一層の統一をつとめられむこと是なり。統一こゝに成されなば、その力亦強かるべく、随てこの国の婦人に、尊き道の幾分は、必ずや伝へ得らるるに到らむ(3)。

この記事によれば、『家庭』は、近藤を中心とする京都の「日本仏教婦人会」と称する会が創刊し、『精神界』発行者である浩々洞同人からは、「我等同志の諸兄、多く之に関係せらる」として認識されていたのである。つまり、『家庭』誌には、「精神主義」への賛同者たちも関わっていたのであり、その意味で、両誌は、近しい間柄であったと推測できる。

『家庭』創刊号の裏表紙には、「大日本仏教婦人会(4)」の「会則」として「一、主義。本会は仏陀の訓誡により、婦人の智徳を涵養し、円満なる家庭の実現を期す。／一、事業。本会は左の二件を行ふ。一、毎月一回雑誌『家庭』を発刊す。二、時宜講話会を開く。／一、会員。本会の主義を遵奉せんとする婦人は誰人にても会員たることを得。／一、会費。会員は会費として、毎年金七拾弐銭づつを前納すべきものとす。但し会員は雑誌代を要せず。／一、投書。会員は本会発刊の雑誌上に於て質疑に関する投書若くは其他の投書を為すことを得。／已上／明治三十四年一月／大日本仏教婦人会」と掲げ、同じく次のような「会員募集」を掲げている。「本会は仏陀の冥裕の下に、その御心を心とし、その御教を票準として、以て江湖の諸姉妹と共に高尚純潔の家庭を組織し、清き楽しき生活の裡に、相互に法味を愛翫せんと欲す。請ふ奮て入会あらんことを」と。こうした呼びかけに応じた入会者の住所・氏名の一覧が、第二号より第八号まで、六回に分けて、巻末に掲載されている。第二号には、五六名、第三号には、四〇名、第四号には、四五名、第五号には、四二名、第六号には、二九名、第八号には、一五名、以上、北は北海道、南は九州地方まで、合わせて、二二七名分ある。ただし、以降の掲載は見受けられないので、最終的な会員数は不明である。

また、創刊号付録には、『家庭』の発刊を祝して、帝国婦人会会長の下田歌子の句が寄せられているほか、当時の東本願寺事務総長で、真宗大学東京移転に努めた石川舜台をはじめ、谷了然、村上専精、稲葉昌丸、上杉文秀など、当時の真宗大谷派の錚々たる人物からの「祝文」が掲載されている。また、創刊号最初の「論説」には、清沢満之の「因縁と諦ること」が掲載され、村上、稲葉らも合わせて、一八九六～一八九七年（明治二十九～三十）の寺務改革運動に参加した改革派たちの息がかかった雑誌であったこともうかがえる。

さらに、彼らの「祝文」の内容に、いわば真宗知識人たちの家庭観をみておこう。

家庭の改良は至難の事業なり、吾等は仏陀の訓誡により、仏陀の主義を主義とせざるべからず。慈悲、和敬、謙苦、精進、此等の主義により、徐に自己の家庭を改良し、延て他の家庭を指導する、是れ我宗祖大師二諦真宗の精神にして、御一代聞書の如き、家庭の指導如何なるかを窺知すべく、肝に銘じて忘るべからざる所なりとす。／我教界の有志、頃日大日本仏教婦人会を組織し、今や其第一着手として、雑誌『家庭』を発刊せんとすと聞く。予輩は此挙の女人をして丈夫性あらしむるの仏意に合し、仏教婦人が大に社会に向て丈夫性の挙作振興するの動機たるを喜び、そが健全なる成長を希ひ、……（石川舜台「『家庭』の発刊を祝す」）

家庭は社会の要素なり、社会生活の基礎なり、箇人と社会とを結合する連鎖なり。若し夫れ家庭にして円満ならざらんか。国家社会の完成は得て望むべからざるなり。家庭治りて社会治り、家庭乱るれば国家乱る。家庭の地位豈に重要ならずや。聞く今回大日本仏教婦人会より雑誌『家庭』を発刊し、大に仏陀の光明を掲げ、円満なる家庭を実現せむことを期すと、社会の進運を裨補するに於て寔に欣喜に耐へざるなり。（谷了然「『家庭』発刊に就きて」）

女大学の廃れて新女大学の唱へらるゝ時節にあたり一家に於ける女性の位置はいかにあるべきか。由来重きを未来におき現在を軽ずとせられたる真宗教義がいかに家庭と同化すべきか。アゝ楽しき家庭、温なる家庭、いかにして作らるべきか。世の「家庭」の指導に竢つ所のもの蓋し尠少にあらず。行けや、『家庭』。（稲葉昌丸「『家庭』の発刊を餞す」）(5)

簡単に纏めれば、ここには、基本的な論調として、国家社会の基礎としての「家庭」の果たすべき重要性が述べられてあり、併せて、このような「家庭」観に基づきながら「真宗教義」との「同化」を意識しながらの「家庭」像の創造、そして、その「家庭」の役割期待を担うべき「仏教婦人」養成への、同誌への多大な期待が述べられている。

そして、創刊号巻頭の「主義」欄には、発刊に際しての次のような抱負が述べられるのである。

凡そ人間の生涯に於て、其品位精神《みがらとこころがら》に尤も大なる影響を及ぼすものは、人々の家庭これなり。……殊に家庭は子孫の人となりに大影響を及ぼすもの、……家庭の重んずべきこと昭々として夫れ明なり。而して国家と云ひ社会と云ふは、此家庭の反映により、正汚清濁の差別を生ずべき故、国を思ひ社会を思はゞ、先づ此手近き家庭を完備にすることを期せざるべからざるなり。然らば之を完備にすべき道如何。／吾人の信ずる所によれば、家庭を治むる根本精神は、慈悲矜哀《なさけふかき》の仏陀の精神を家庭にあらはし、之により家庭教育と云ひ衛生と云ひ家政と云ひ育児と云ひ、其他万々のことを処理するにあり。……／凡そ人間の行為は、規則理窟を以て整備するものにあらず、清き正しき精神ありて始て自然に其行為にあらはる、ものなり、恰も春陽温暖の気候に催されて、自然にうるはしき花をひらくが如し、……家庭を完備せんとするものまた然り、……先づ第一に其精神を純潔公正ならしむるにあり、こは大慈悲矜哀の仏陀の心を心とするより外の道なし、本誌の期する所此処にあり、本誌の努力する所此処にあり、此精神より家庭の諸事を論評し、諸姉妹の伴侶たらんことを望むものなり(6)。

この「主義」論者は、国家社会を「家庭」の反映として捉え、それゆえに、「家庭」を「完備」にする必要を説き、具体的には、仏陀の精神＝慈悲をもって「家庭」を治めることを言うのである。その上で、人間の行為における「精神」性を重視しつつ、その「精神」を純潔公正にする方法として「大慈悲矜哀の仏陀の心を心とする」ことを述べている。そして、以上の立場から、「家庭」の諸事を論評するのが、この『家庭』誌だというのである。

さらに、同誌創刊号巻頭に清沢の「論説」を掲げていることに象徴的であるように、同誌にもまた、「精神主義」の「精神」性を重視する姿勢がうかがえる。京都の大日本仏教婦人会が『家庭』創刊号を一九〇一年（明治三十四）一月に発刊したのとまさに時を同じくして、同年同月、東京の浩々洞からは、清沢の論説「精神主義」を巻頭に掲げて『精神界』が創刊されている。「精神主義」運動の本領は、むろん『精神界』において発揮されたと考えてよいであろうし、他方の『家庭』は、婦人会機関誌として創刊されたのであるから、双方の発刊の趣旨に相違はあっただろう。ただ、『家庭』誌が、婦人・家庭向けの「精神主義」の論壇という性格を備え得たことには、注意しておくべきである。なぜならば、本章の後半で考察するように、『家庭』誌が、浩々洞へとその発行所を移動して以降の女性救済論の特徴に、そうした傾向は顕著となっていくからである。

さて、一九〇一年（明治三十四）十月、真宗大学が京都より東京巣鴨へ移転するのと時を同じくして、近藤純悟は東京の浩々洞へ入洞する。そして、『精神界』第一〇号の広告より、『家庭』の編集発行は「家庭発行所」を名乗り、それは浩々洞と同じ住所「東京市本郷区森川町一の二四一」を所在とした。その後、一九〇二年（明治三十五）六月に浩々洞が「東京市本郷区駒込東片町一三五番地」に移転するに伴い、「家庭発行所」も同所へ移転している。さらに、同年八月、近藤が、「姫路淑女学校」の校長に着任するに伴い、『家庭』の編集の主要メンバーは楠龍造、岫徳龍、安藤州一、山田文昭らになり、近藤は、「傍より之を助」けることとなる。

そして、同年十二月、第二巻第一二号より『家庭』は、「東京府巣鴨村二二五五」を住所とする「家庭庶務部」（第四巻第一号から「家庭社」に変更）により、発行されることになる。『家庭』の発行は、第一巻より第四巻まで、計四十八冊であり、第五巻については、第一二号を発刊していない。したがって、『家庭』および『仏教婦人』合わせて、一九〇五年（明治三十八）十一月の第五巻第一一号までが発行され、総計五十九冊である。それ以降の発刊については、確かなことは不明である。

ただ、伊藤証信主幹「無我苑」の機関誌『無我の愛』一九〇六年（明治三十九）二月号の広告欄には、執筆者の数名を『家庭』と同じくする『家庭新聞』の名称がみえる。月二回発行のこの『家庭新聞』の発行所は「文明堂」となっており、住所は「東京市本郷四丁目五」で、これは、実は、『家庭』第五巻第一一号の「家庭編輯部」の住所と同じである。その前号『家庭』第五巻第一〇号までの発行所が、「東京巣鴨村二二五五」という住所であることから、何らかの事情で『家庭』は、その発行所を第五巻第一一号から「文明堂」と同住所へと移ったことが推測され、併せて、「文明堂」発行の『家庭新聞』は、この『家庭』誌を何らかの形で、引き継ぐ性格を伴っていたことが推測される。しかし、事実上、雑誌としての『家庭』が明確に継続したことが確認できるのは、第五巻一一号まである。ちなみに、実質的に発行所を「文明堂」へと変更した『家庭』第五巻第一一号（一九〇五年〈明治三十八〉十一月）表紙裏面の目次欄には、「本誌の特色」として、

家庭向きの雑誌が沢山ある中に本誌は特に精神教育を絶叫するのであります。御仏の冥裕の下に高尚純潔の家庭を組織し、以て清き楽しき生活を送りたい者であります、是実に戦後経営の第一義にして、正に吾等の進むべき道であると思ひます。之が本誌の発行せらるゝ所以で御座います。

と、わざわざ掲げている。二カ月前に日露戦争がポーツマス条約締結により終戦したその直後期に、

「御仏の冥裕の下に高尚純潔の家庭を組織し、……是実に戦後経営の第一義にして、正に吾等の進むべき道である」と謳う『家庭』本号の内容は、大変に興味を抱かせるものである。このような掲載は、前号までにはないことで、第五巻第一一号が発行されたこの時期が、『家庭』の一つの転機であったことがうかがえる。また、一九〇四年（明治三十七）二月、戦時を迎えて以降、たとえば、第四巻『仏教婦人』で「記者」が、その第四巻第六号（一九〇四年〈明治三十七〉六月）巻頭論考「本領」欄掲載の「仏教婦人と看護婦」において、

仏教婦人諸氏よ、諸姉は如何なる方法によりて如来の大慈悲を彼等同朋の間に宣布せんとするか。……われ等は、諸姉が自ら看護婦となりて、各々其部下の患者に道を伝ふる、亦甚だ適当なる方法なるを信ぜずんばあらず。……われ等は、我仏教婦人中、素養あるの諸氏は、事情の許す限り、戦場に従ひ、彼等傷病士卒看護の任に当り、以て道と国との為に、其天職を尽さんことを切望するものなり(7)。

と訴えるその論調にみるように、内容は、戦時色を強めていく。『家庭』は第四巻から、『仏教婦人』へと名称を変更し、「家庭問題より一歩を進め個人の修養」を目指したこの『仏教婦人』の戦時における言説と、戦間期との関連性については、たとえば仏教者の日露戦争下という状況と結びついた国家観、家庭観、女性観などといった視点から、別に考える余地があると思われる。したがって、本章では、日露開戦前に刊行された創刊から第三巻までを考察の主な対象とするものである。

一　視点と課題

　さて、上野千鶴子は、『近代家族の成立と終焉』[8]で、エリック・ホブズボウムの「創り出された伝統」概念[9]によりつつ、「「家」は近代の発明だった」と述べている。すなわち、明治民法が制定した家族制度＝「家」制度とは、「近代国民国家に適合的に形成された家族モデルであり、逆に国民国家もまた、家族モデルに適合的に形成された」というのである。上野は、「社会が家族モデルを形成し、今度は家族モデルが社会を説明する――家族国家主義とはそのようなものだ――というのは、たんなるトートロジーである。わたしたちは家族モデルがこれほど支配的な力を持った近代という時代そのものを、「家族の時代」として、疑うべきだろう。社会科学者もまた、近代が作った家族イデオロギーにとらわれている。彼らは家族を被説明項としてでなく、説明変数として扱うことで、かえってそのイデオローグとして機能している。反対に「家族」の歴史＝社会的構成こそが、問われなければならない当の対象なのである」と、「家族」を歴史＝社会的構成としてとらえ、「家族」の自明性を疑い、問うべきはその成立自体だと述べている。そして上野は、「「私的な家族領域」というもの自体が近代化の過程で公領域と同時に析出されたもの」で、「「世間からの避難所」としての家庭の普遍性の信念自体が、近代の産物であった」とする「ヨーロッパ近世・近代史の成果」を踏まえ、日本についても「家族の近代」の成立をトレースすることができるとし、具体的に「家庭」概念の成立を例示し、明治時代の『家庭雑誌』を取り上げて考察している。

また、牟田和恵は、明治期刊行の七種の総合雑誌・評論誌の分析を通じ、近代日本の家族像について、次の二点を結論づけている[(10)]。

①明治期初期から旧来の封建的家族道徳を批判し新しい家族のあり方を模索する意識が現れ、二十年代にはそれが「家庭（ホーム）」という言葉に象徴される、家内の団欒や家族員間の心的交流に高い価値を付与した家族への志向に結晶化する。その底を流れるロジックは、西欧化と産業化への意欲であり、国家と社会の発展のためには直系的「家」の論理は逆機能的であるという認識である。「家庭」は家族員の情緒的結合の象徴であると同時に国家社会の発展の礎としても位置づけられている。

②明治二十年代後半以降、「家庭」型家族の理念にまた別の要素が加わる。明治初期の平等・友愛的な啓蒙的家族像は後退し、夫と妻の性役割分業が規範化されて「家庭」は「家婦」として「主婦」が中心として存在し夫や老親に仕え子に献身する場となる。同時に家族や家庭は公論の対象から除外され、家庭や家族はもっぱら女性を対象として女性にのみ関わるものとして語られるようになる。いわば家庭は、「女性化」・「私化」する。

このように特徴を押さえながら、牟田は明治期前半の西欧的「家庭」型家族への志向が、家族国家主義イデオロギーの浸透する中期以降、この新しい家族道徳を土壌としながら、封建儒教的女性観を新たな形で普及させる機能を担ったというパラドックスを指摘している。本章で『家庭』という婦人雑誌を取り上げるに際し、牟田の分析は、多くの示唆を含んでいる。

そこで、本章では、主に上野にみる「家族」を歴史＝社会的構成として捉える視点に示唆を受けつつ、また牟田をはじめ、多くの先学による「家族」の歴史的研究の成果に学びながら考察するものである。[11]そして、前節で触れた概観を踏まえ、この『家庭』という雑誌を、明治三十年代に、「精神主義」者とその周辺に集う者たちの論考で編集構成されたもので、同時に「仏教的家庭」を語る言説として見なしたい。本章の主眼は、この仏教的言説の論壇である『家庭』という雑誌の諸論に、「近代」仏教と「家庭」との関係を見出しながら、「近代」の構成物としての「仏教的家庭」像に迫ることにある。具体的作業としては、『家庭』の内容構成から、あるべき「仏教的家庭」や「女性」の救済がいかに語り出され、創出されようとしたかを考察することになる。

加えて、『家庭』の編集発行の変遷に鑑み、また、安藤州一の「『精神界』と『家庭』と、宛も新夫妻の如く並行した」という回想を考慮すると、『家庭』と「精神主義」との関係は興味深く、是非考えてみるべき問題があると思われる。実は、『家庭』中の信仰に関わる論考の多くは、「男性」論者が、「女性」の救済のありようを一方的に論ずる形になっているのだが、そのような、「論ずる側」と「論じられる側」という、いわば「男性」による「女性」の救済についての一方的な表象関係それ自体に、仏教における女性に対する男性優位の関係を読み取ることは、あながち間違いではあるまい。[12]「男性」がその言説で、いかに「女性」救済と男女平等の救済を強調しようと、この表象の方向性それ自体に、ある種の偏った力関係が内在していることは否定できまい。そして、この表象関係から、「精神主義」という救済の言説における「ジェンダー」[13]を考える上で、注目すべき問題がうかがえると思われる。そこで、最後に、ジェンダー論の視点から「精神主義」を考えてみたいと思う。

このように、本章では、「近代」の仏教的言説『家庭』に立ち現れる「家庭」と「女性」の救済をめぐる言説を考察することにより、「近代」仏教、なかんずく「精神主義」にとっての「家庭」「女性」像の特徴に迫ることを意図している。

二　『家庭』の内容構成

では、『家庭』の内容構成をみておきたい。『家庭』第三巻第一号の表紙扉には、「家庭編輯部」（「家庭庶務部」とも）の社告とも言うべき次のような宣言文が、わざわざ囲いをつけて掲載されている。

> 如来の御国は遠き彼方にあつて、吾等は容易に其風光に接することは出来ぬ。されど幸にも家庭に拠つて此世界と如来の国とが結ばれて居る。まことに家庭は如来の御国に到る通路である。死せる如き此世界へ、活きた如来の御国の生気を流し込むには、是非とも此通路によらねばならぬ。／わが『家庭』は過ぐる二年間、専ら此通路の開鑿を勧めて来た。今や年の改まると共に、第三年の進程に登ること、なつた。思ふに遅々として其実功の挙らぬのを恥ずるより他はない。されど吾等の信ずる所は少しも変らぬ。内は如来の冥祐に拠り、外は我同胞の提撕に頼つて、倒れる迄、進むのである。かくて遂には如来の御国の暖い、楽しい生気が、洋々として此世界に入り満ちて、冷たい、淋しい此世界が、再び活きあがる時が来ることを疑はぬのである。

ここには、『家庭』編集者たちの創刊以来変わらぬ方針と、第三巻以降もその方針を継続させる熱意が吐露されている。編集者諸氏によれば、「家庭に拠つて此世界と如来の国とが結ばれて」おり、

「家庭は如来の御国に到る通路」だという。そして、「死せる如き此世界へ、活きた如来の御国の生気を流し込むには、是非とも此通路」である「家庭」によらねばならず、そこで『家庭』では、過去二年間「専ら此通路の開鑿を勤めて来た」という。しかし、「思ふに遅々として其実功の挙らぬ」との反省に立った上で、だが、彼らの「信ずる所は少しも変ら」ず、「内は如来の冥祐に拠り、外は我同胞の提撕に頼つて」、「倒れる迄、進む」ことを宣誓している。『家庭』が念頭におく「家庭」とは、如来の国とこの世である現世とを結ぶ「通路」である。「如来の御国の生気」がこの世に流れ込むその「通路」こそが「家庭」であり、そして、それが『家庭』諸氏たちの理想とする「仏教的家庭」なのである。

しかし、編集側としては「思ふに遅々として其実功の挙らぬのを恥ずるより他はない」との反省に立ち、『精神界』第三巻第一号の広告欄で『家庭』は、「大改良の『家庭』」との見出しを付しながら、

『家庭』は仏教の根底に立ちて記されたる唯一の宗教的女学雑誌なりされば『家庭』は宗教の自覚に拠りて社会を見国家を見道徳を見夫婦を見男子を見親を見子を見兄弟姉妹を見るなり／『家庭』はまた衛生を語り育児法を語り裁縫を教へ交際法を教へ又料理法を教へ日常女子の裁縫に応用すべき学術技芸を教へ文学を教へ和歌の講義或は国文の講義を語る也。◎されば『家庭』を購読する人はを《（ママ）》座して宗教上の説話を聞くべく料理人裁縫師学者医師等を常に聘しおくに均し／大方の諸姉よ来りて大改良後の『家庭』を繙き給はずや。

と宣伝されている。ここから、『家庭』の具体的な内容構成をうかがうことができるが、ここに示される項目は、「学芸」を除いてほぼ前巻までと同じである。[14] すなわち、『家庭』は、「仏教の根底に立

ちて記されたる唯一の宗教的女学雑誌」であり、「宗教の自覚」に立って、「社会」「国家」「道徳」「夫婦」「男子」「親」「子」「兄弟姉妹」を「見」、また、「衛生」「育児法」「裁縫」「交際法」「料理法」「日常女子の裁縫に応用すべき学術技芸」「文学」「和歌」「国文」を題材に取り上げ、「語り」「教へ」るのだという。だから、『家庭』を購読する人は、座りながら、宗教上の説話を聞き、「料理人裁縫師学者医師等」を常に招きおくことと等しいという。そして、この『家庭』の言説空間に招かれるのは、「大方の諸姉よ来りて大改良後の『家庭』を繙き給はずや」と言われるように、女性である。『家庭』は、読者として女性を想定した仏教による「宗教的女学雑誌」であったのである。

ところで、一八九二年（明治二十五）九月に民友社で徳富蘇峰を中心に家庭婦人の啓蒙を目的に創刊され、一八九八年（明治三十一）八月に廃刊された『家庭雑誌』は、同時代の数多くの婦人雑誌の中でも、生活関連記事が多いと指摘されているが[15]、その内容構成の一部についてみれば、「家事経済、育児法、衛生談、看病術、料理法、社交一班、日用品価額、裁縫編物其他婦人職業案内、家内の取締、奴婢の使ひ方及び衣食住に関する諸事を網羅」し、「高妙なる小説あり、崇麗なる歌詞あり、音楽絵画批評詩話文話あり」というものである[16]。『家庭』が掲げる、育児法、衛生、調理法、裁縫、社交（交際法）、歌詞（詩歌）など、『家庭』の内容構成は、実はその大部分が、『家庭雑誌』と同じである。「家庭」に関する記事の内容構成は、たとえば同時代の総合雑誌『太陽』の「家庭」欄などにも『家庭雑誌』と重なるものがうかがえることからも、『家庭』編集部が、企画編集にあたって、『家庭雑誌』など同時代の先行する雑誌を参考にしたことが推測される。

また、『精神界』第三巻第七号の『家庭』の広告に、「裁縫料理育児衛生礼式等は各専門家の筆に成」ると掲載しているように、これらの生活に関連した記事については、特別に仏教と関係のある者が論じているわけではなく、それぞれの専門家が論じるとしている。つまり、『家庭』における生活関連記事については、とくにその仏教的な独自色を有してはおらず、概して『家庭』は、医師や料理家などといった専門家による記事や論考に、宗教・仏教関係者による仏教講話や論考が併存した内容構成となっているのである。この点に関しては、第四巻以降もほぼ変更のない特徴となっている。

なお、『家庭』第三巻第七号の裏表紙には、その出版の趣意と特長が箇条書されており、ここからは、「家庭庶務部」が『家庭』の特長として自負していた諸点が、より明確にうかがえる。要約すれば、同誌は、「如来の慈悲を家庭に伝へて家庭を小極楽」にし、「進歩に偏らず保守に失せず敏とくやさしく品貴き婦人を養成」するのがその本領で、しかも、「極めて平易なれば何人も之を読むこと」ができ、内容的には「衛生、裁縫、育児、礼式、其他家事一切に就ては専門家の講説」を掲載し、また「毎号小説談叢の品よくして面白きを掲げ」るゆえ、「晩餐後の家庭に善き余興を供す」という。さらには、「和歌新体詩の募集」には読者が投書でき、しかも、「毎号懸賞を以て面白き御伽噺を募集して紙面に光彩を添ふ」という。では、以上のような内容構成と刊行の意図をもった「仏教婦人雑誌」『家庭』において、「家庭」や「女性」はいかに論じられたのだろうか。

三　『家庭』にみる「家庭」像

そこで、本節では、先に述べた本章の問題意識に沿って、『家庭』の内容を具体的に検討していくことにする。

①理想的家庭観

『家庭』に特徴的な「家庭」観は、先に引用した第三巻第一号の次のような巻頭言に知ることができる。煩を厭わず、再度引用したい。

　如来の御国は遠き彼方にあつて、吾等は容易に其風光に接することは出来ぬ。されど幸にも家庭に拠つて此世界と如来の国とが結ばれて居る。まことに家庭は如来の御国に到る通路である。死せる如き此世界へ、活きた如来の御国の生気を流し込むには、是非とも此通路によらねばならぬ。

「此世界と如来の国」が、家庭で結ばれているという。「家庭」とは、「如来の国に到る通路」である。また、第三巻第五号の巻頭「本領」欄の「小楽土[17]」には、「人生の目的」とは、「我等のおほ御親にて在す御仏の国に入る為」であり、「社会も国家も、学問も実業も、技芸も道徳も、御仏に邂逅する為の道行」であり、そのような「信念に住して、自らも御仏の国に入り、人も御仏の国に入らしむることに、一生涯力を尽すのが、仏教を信ずる人の、当り前の生活であり唯一の責務」だと述べられている。そして、この「御仏の国とは又は浄土とも云」うが、その美妙、安穏さはとても想像できないほどで、この「娑婆では何処を尋ねて歩いても、安養浄土に似た処は、影もない」のだが、しかし、「家庭丈は稍御仏の国に似て居る」という。どの点が具体的に似ているかと言えば、「家庭に於ては、強いものも弱いものも、大きなものも小さなものも、若いものも年寄りも、男も女も同じ様に親まる、のである、可愛がられるのである、慰められるのである。否な寧ろ、弱いもの程、小さいもの程、老人程病人程、不自由な者程、益々大切にせらる、のであります」と説明される。「家庭は実に小極楽」なのである。そして、「仏の御国に入」るための「第一の手段として、家庭の改善を計り、小極楽の確立を成さんことを希望に堪へぬ」というから、あくまで「家庭」は、「仏の御国」に似ていて、「仏の御国」へ入るための「第一の手段」となる場所、つまり「如来の国に到る通路」と言い換えてもいいだろう。

さらには、仏教的な理想的「家庭」は、「真の家庭」として言い直されている。

家庭をして真の家庭たらしめ、平和の福祉《さいはひ》を永遠に得ようと思うたならば、家庭を組み立て、、居る人々の心が、変り易い凡夫の迷情に基くことを止めて、御仏の大慈悲心を礎とせねばなりませぬ。……親子兄弟夫婦は、其心の根本に於て最早や別々ではありませぬ、親も自分の心をすて、仏心により、子も自分の心をすて、仏心による、夫も御仏の心を心とし、妻も御仏の心を心とする、家内中が、一つ御仏の御心で動くやうになるのであります。是れ実に我等の理想の家庭であります(18)。

家庭を「真の家庭」にするには、そこに「居る人々」が「仏の大慈悲心を礎」にしなければならない。具体的には、親子兄弟夫婦が皆、「自分の心」を捨てて、「御仏の心を心」として、「家内中が、一つ御仏の御心で動くやうになる」ことが「我等の理想の家庭」とされる。このように、『家庭』が語る理想的「家庭」とは、いわば仏心に満ちた「小極楽」であり、その実現こそが、仏教徒が目指すべき「仏の御国」である浄土への通路なのである。そして、この『家庭』は「如来の慈悲を家庭に伝へて家庭を小極楽たらしむ」[19]のが特長なのである。また、理想的仏教「家庭」の利点を論じることで、その実現の必要を論じるものもある。たとえば、そのような「家庭」からは、偉人が育つという。具体的には、菅原道真が取り上げられている。

菅公の家が早くから仏教の信念に富み、仏の光の輝いたる立派な家風であつたことが想像せられます。……／大伴氏と云はれた菅公の御母上も、亦た甚だ賢明であつて、且つ慈悲深い婦人であらせられた。……仏教的家庭に於ける父母の深い信念が、菅公の人物に大なる影響を与へて居ることが知られます。[20]

加えて、論者が理想的な仏教「家庭」を語る際には、蓮如の『御一代記聞書』などの聖教が参照引用されている。これもまた、『家庭』の特徴の一つである。たとえば、「仏教家庭の経済法」として次のように述べられている。

仏教を奉ずる家庭の経済法は如何が心得たならば宜しきかと云ふに、之に就て蓮如上人が教へて置て下されたことがあります。『御一代記聞書』にいはく、／蓮如上人物をきこしめし候にも、如来聖人の御恩を御忘なしと仰せられ候、一口きこしめしても、思召出され候由仰せられ候、／衣装等にいたるまで、わが物と思ひ踏みたゝくること、浅間敷事なり……と。即ち蓮如上人は、衣食住の三つ、悉く御仏からの預かり物であるから、決して粗末にしたり、贅沢にしてはならぬと御誡めなされて、人に云ひ附けるのみならず御親ら之を行うて見せて下されたのであります。[21]

以上のような特徴をもつ「家庭」観を、『家庭』誌における理想的仏教「家庭」観として指摘しておきたい。

②「家庭」における「女性」・「男性」・「家族」

理想的仏教「家庭」において「女性」と「男性」は、それぞれいかなる役割を果たすべく期待されて論じられているだろうか。たとえば、「女子」と「男子」は、次のように語られ、期待されている。

家庭は確かに小社会であります、主人公が総理兼外務大臣ならば細君は文部兼内務大臣であります、一家に関する重大問題の起る時には、家内の主なる者の議会で共議せねばなりません、……国家は国民教育の責任を有すると同時に、家庭に於ても主婦人は家政を改良し子女の教育を完全にし、小社会の個人をして大社会に貢献する所の人物としなければなりません、……男子は多く社会に活動すべきもので、家庭の任務は全く女子にあるのであります、……／抑も婦人方が家政をなさるゝに就いて必要なのは家事衛生と実際的教育であります、家事は家庭の整理に要し、衛生と身体の健康を計り健全なる子女を挙ぐるに必要で実際的教育は児女を教育せらるゝに最も欠く可らざるものであります。(22)

「家庭」は「小社会」であり、その「小社会」が「女子」の任務を果たす場所であり、「男子」は、社会に活動すべきであるという。また「主婦」は、「文部兼内務大臣」と美化される。「男子」と「女子」との活動の領域が設けられ、「女子」の任務とは、「家庭」の「主婦人」として、「家政を改良し子女の教育を完全にし、小社会の個人をして大社会に貢献する所の人物と」することである。そして、具体的になすべき「家政」とは、「家事衛生と実際的教育」であり、「家事は家庭の整理に要し、衛生と身体の健康を計り健全なる子女を挙ぐるに必要で実際的教育は児女を教育せらるゝに最も欠く可らざるもの」と強調されている。「家庭」と一般社会とを「小社会」と「大社会」とに分けながら、「男子」にとっては「大社会」が責任のある場所であり、「小社会」たる「家庭の任務は全く」「主婦人」たる「女子」にあると論じられている。

ところで、牟田和恵は、明治二十年代の日本社会において、「家庭」の語が定着し、明治二十年代後半には「主婦」の語が婦人雑誌にみられるようになり、「女子」の役割期待が「家庭」での「家事」として論じられるようになったとし、これを「性役割分業の規範化」、「家庭」の「女性化」と指摘している(23)。牟田の指摘する傾向が、この『家庭』の内容にもうかがえるということであり、「仏教的家庭」もそうした流れに同調したものであったと言えるだろう。

ほかにも、『家庭』では同様の「家庭」における「男女」の役割期待が、次のように語られている。

家庭のうちに於ける男女の職分は、確然《ちゃんと》、差別《しゃべつ》がありまして、……男は家庭のうちに寝起きを致し、家庭のうちに此上なき楽しさと慰みとを受くるものではあれど、男の働きの当の舞台は、家庭以外のところに起きて来る事柄にあります。……女の職分は所謂、純家庭の仕事なのでありま す。／先づ子を育てることは女の仕事でなければならぬ。また家事家政について、種々の細かしい、或は四季その折々の料理だとか、或は日々月々の経済むきのことだとか、或は下男下女を使ふ呼吸《こつ》、室内を装飾すること、室内を掃洒《そうさい》すること、時をり掛軸をかけかへること、夫を慰めること、児童のくさぐさの無理難題を取りさばくこと、家庭に一道の生気を与えて、家の子に家庭は此上なき楽しきところと思はしむること、若しあらば祖父母を看護し孝養を尽すこと、家内一統の衣服の仕着せなど、みなこれ婦人の仕事なのであります(24)。

「男は家庭のうちに寝起きを致し、家庭のうちに此上なき楽しさと慰みとを受くるもの」で、男の働きの当の舞台は、家庭以外のところ」だという。そして、「女の職分」は「純家庭の仕事」とされ、役割として、良妻賢母的「女子」が期待されており、その細目は子育て、料理、家庭経済、「夫を慰めること」、「室内の装飾」、掃除、祖父母の看護孝養などまで、多岐にわたっている。

「男」にとって「家庭」とは、「此上なき楽しさと慰みとを受くる」ものであろうが、それは、「競争と効率のストレスの多い公領域からの避難所、愛と慰めの聖域（＝公領域のなくてはならない見えない半身として作り出された私領域…上野）」[25]なのである。したがって、「男にとっては避難所であっても、そこで愛と慰めを供給するように期待されている女にとっては、家庭は職場の一種にすぎない」[26]のである。まさに「みなこれ婦人の仕事」である。

同様に「女性」の家庭での役割を語る発言は、「女性」自らの言説にも見受けられる。

◎主婦としての女子はよく家政を整へ、夫をして内顧の憂なからしめ、高潔誠実の心を以てよく家人を感化し、家人をして我家を以て無上の楽土と思はしむる様、常に一家の和睦を計り、幸福繁栄を増さねばなりませぬ。

◎妻としての女子は夫の終日外に出で、事を執り或は劇務に労れ、又時としては心意の沮喪して家に帰り来る時に、よく其疲労憂苦を慰め助け、勇気を鼓舞して再び事に当らしめ、且つ兼ねて夫の執務の大要をも心得て、相談相手にもならなければなりませむ。

◎母としての女子は常に其の子女をして学を修め、徳を磨き智を啓かしむるは勿論、彼等は終日終夜、母の言行を見倣ふものなれば、すべて其模範たるの資格を備へて居なければなりませぬ。

（山脇房子）[27]

だが、『家庭』誌が「主婦」たる「女性」に期待する役割はこれに留まらない。本節の①で確認したような、『家庭』が理想とする「家庭」像たる「小楽土」実現のために、主婦はさらなる努力が必要となる。

次にみるのは、「夕ばえ」(28)という家庭小説である。小説とはいえ、ここに描かれる主婦の姿は、『家庭』誌が共有する主婦像とみなしてよいと思われる。主な登場人物は、「関家」の姉「文ちゃん」、弟「秀雄さん」と二人の母である嫁の「貞子」、そして姑の「お祖母さん」である。

「意地悪」な「お祖母さん」は、自分の気に入らぬことがあると、「大雷で家中沸えかへる」ほどで、それは「お祖父さん」が死んでからは一層ひどく、孫の二人に怖がられている。ときには、「お祖母さんの疳癖が一層高じて、貞子は折々袖を絞ること五度や十度ではなかつた」のである。しかし、「貞子は極めて温和なそして辛抱強く発明な上に、非常な仏教信者で」、「毎月三回のお寺の法話日には欠かさず参つて、其心配を仏様に慰められそれを帰つてから分らぬながらも二人の子供に聞かせるのを唯一の慰めとして居る」ような、信心深い女性であった。その貞子が、「自分と少しも性の合はぬ姑に、よく仕へて行く辛抱は実に此法話会より得来つた」のだと、寺院の「法話会」の重要さが指摘される。

そして、ある法話日に、「胸の憂さを慰さめられて帰りたる貞子は、夕餉の済みたる後文ちやんと秀雄さんとお釜（〔下女〕の名…引用者）とを相手に、今有難きみ仏の道を宣べて、こゝに形ばかりの小団欒の蜜に酔ふて居」た。「貞子の唯一の願」は、この小団欒に「お祖母さんも加は」ることであった。

さて、母貞子の話を聞いた文ちゃんが「そうするとお母さん、妾等《わたいたち》はお母さんの子供で、そして又仏様のお子なの」と尋ねれば、貞子は「ア、汝等《をまへたち》もお母さんも又仏様の子供だから皆仏様に見慣つて、仏様の様なうつくしいやさしい、お慈悲な心に成らなくつてはいけません」と答える。今度は、「無邪気な秀雄さんは忽ち、「お母さん、お祖母さんも仏様の子なの、やさしい仏様の子なの？」」と尋ねると、「貞子はハッとして何と答ふる術も知らず、唯間の悪る相な顔をして居る」。すると「お祖母さんは極めて不興気で、そして落着いて、「馬鹿！、仏様なんて死んだ者の云ふことだわ……」」と貞子らを馬鹿にする。そして、作者は、「家庭《ホーム》の団欒と云ふことは、此関の家に呼び起されぬだらうか」と、この「関家」に同情を寄せるのである。ここで特徴的なのは、人を皆、「仏様の子」としてみようとする作者の志向である。そして、「家庭」について見れば、「家族」全員が仏の子の自覚をもって、互いに慈悲心に満ち溢れる状態が、『家庭』誌が「小楽土」と表象する理想的仏教「家庭」であり、そして、この小説では、それは作者によって「仏の御園生《みそのふ》」として到着すべき理想的な仏教「家庭」像として暗黙の前提になっているようである。だが、お祖母さんは「仏様」をすら認めようとしないのであるから、当然「関家」は、まだ「仏の御園生」ではない。

さて、貞子は「毎夜お祖母さんが奥へいらしつてから、文ちゃん秀雄さんを膝下へ呼んで、御和讃を教へて居つた」のだが、そんなある夜のこと、

お祖母さんは毎夜嫁は子供に何を云ふて居るのか知らんと、ひそかに立聞きをせられた、……間の襖に身をスリ寄せてきくと、文ちゃんと秀雄さんのやさしいあどけない声で、／煩悩に眼さへられて、／摂取の光明みざれども、／大悲ものうきことなくて、／つねに我身をてらすなり。／と

云ふ有難いご和讃が聞へたのである。……お祖母さんの心は今種々な煩悩がみち〳〵て、実に真暗闇である、そこへ灯もされた此御和讃、しかも夜静かなる時に、やさしい罪のない、天使の様な子供の口から此御和讃がひゞいたので、お祖母さんの心の中に、何とも云へぬ光がキラ〳〵と閃めき渡つたのである。……やさしい嫁の姿、罪のない子供の姿が、アリ〳〵と目に映つて居る今迄の自分の悪るかつたこと、間違つてゐたことが段々明らかになつて来る、そうすると自分の罪と云ふものが心を責める。自分の老い先きの短いことに気がついて来る。未来が恐ろしうなつて来る、それはモウ種々な心が簇がり起るので、其晩は終に眠らずに夜が明けてしまつた。

ここがこの家庭小説のクライマックスとでも言うべき場面である。孫が称える親鸞の和讃を聞いたのをきっかけに、お祖母さんは改心する。そして、「お仏壇をついないことに開いて、うや〳〵しく額づ」いたお祖母さんは、さらには、「貞子の足下に転び伏し」て「今迄の罪を悉く懺悔」するに至るのであった。そんなお祖母さんの姿をみた貞子は「感謝と歓喜とに満てる心を以て」「落つる涙を払ひもやらず、お祖母さんの手をギツト握り〆た」と感動的に描写されるのである。そして、この小説は、このお祖母さんの改心以後の「関家」の様子を次のように描いて終えている。

お祖母さんは「一躍して善人」となり、「家庭《ホーム》の和合して居ることは村中の摸範である。文ちゃんと秀雄さんとは相不変仲よく、今では冬の夜長にお祖母さんのお膝に倚りて、交る〴〵お話しを聞いたり、学校のお話しをして、幸福《ハッピィ》なる空気に心臓《ハート》を軽くうたせて居る。……柔順にして忍耐強き一仏教信者は、此処に一箇の仏の御園生を実現したのである」という具合である。貞子は、「極めて温和なそして辛抱強く発明な上に、非常な仏教信者」として、姑との関係の辛さを克服し、そして、「関家」という「家庭」を「一箇の仏の御園生」として実現させたのである。

一読すれば、仏教なかんずく真宗信仰が、「家庭」を幸福にし得るというすばらしさを強調するような家庭小説である。だが、考えてみると、仏教信者である主婦貞子が、家事以外に、寺院で法話を聞いて、「家庭」を「仏の御園生」にしたとされるというのは、同時にこれは主婦貞子にかかる責任の重さを感じさせる。それは、この「関家」における貞子の夫についての描写をみれば、一層感じられることである。夫は、「極めて優しい孝行な方で、始終役所へ詰めてのみ在らして、時々お帰りになつても、何でも子供が悪るい、お祖母さんを大切にせよと仰せらるゝ」ために、貞子の「心配気苦労と云ふものは、それは〳〵一ト通りでない」のである。たまにしか帰らぬ夫は、たしかに「孝行」な夫らしいが、皮肉にもそれは「お祖母さん」の肩を持つことを意味し、逆に貞子には「心配気苦労」を与えることになるのである。なるほど、貞子の「心配気苦労」を強調すればするほど、彼女の仏教信仰への必然性も高まり、また、貞子が克服する困難が大きければ大きいほど、貞子の忍耐強さもまた、際立つわけである。

だが、同時に、「家庭」の責任が、明らかに貞子に集中して課せられて描写されてくることには注意しなくてはなるまい。男は外、女は内という構図を取りながら、仏教信者たる主婦貞子が、「家庭」を「仏の御園生」として実現していくことができる存在として肯定的に描かれるこのような家庭小説は、読者たる「女性」たちに、何を期待したのだろうか。「家庭」を「仏の御園生」にするという役割を果たすことや、姑への柔順さと、忍耐強さとを、暗に期待したものと言えば言い過ぎだろうか。

ところで、『家庭』誌において、「家庭」における役割について、「女性」と「男性」とを区別する見方があることを指摘したが、一方で「仏様の子」として「家族」の老若男女を同一視する見方があることを、指摘しておいた。この後者の見方についてさらに見ておくと、たとえば読者の懸賞付き投稿で、最高賞の「天」賞に輝いた「家の掟」(29)欄に掲載された文章がある。それは、「家庭の和楽を保つについて、一日も忘るべからざること、かぞえ来らば殆んど限も無きことに候はむ、さはれ、いまはたゞ、その中にてとりわけ重きもの二を取りいで、、この御尋ねに答へまつる……」と書き出される。史料的な確認はできないが、他号に掲載の懸賞投稿の要領からみて、これは、「家庭の和楽を保つ」ための秘訣は何か、という趣旨の課題で「家庭編輯部」が「家の掟」を募集したのに応じて、東京の「佚名子」が投稿したものと推測できる。

具体的な「掟」として「佚名子」は、次の三点を挙げる。「一、わが家の家長は如来なり……如来を忘れたる家庭は遂に和楽を保つ能はざるものに候ふ」として、如来を家族の一員として数えて生活すること。「二、わが家の家族は如来の子なり……家長を如来と定めぬれば、この差別の上に自から平等のこゝろあるものに候ふ、即ち如来の子といふことに候ふ。如来の子としての親子兄弟下婢下僕は、みないづれも同じ資格を有つもの」とみること。「三、さればわが家は如来の心を心とせざるべからず、如来のこゝろとは「おもひやり」これなり」と、以上三点を「一家の家憲として定」めることを提言している。「如来」を家長と思い、「如来の子」として「家族」を平等視し、そして「如来の心」たる「おもひやり」をもつこと。これらが「家庭」を「和楽」に保つ要件とされるのである。『家庭』論者の「仏様の子」という言説と、読者のこのような内容の投稿との関係には、『家庭』に掲載される内容の読者による受容という側面を見ておいてもあながち間違いではあるまい。懸賞募集であるのだから、投稿者「佚名子」が「家庭編輯部」が期待する理想的「家庭」像を念頭におきながら本文を書いたことは当然考えられることであるし、その際、『家庭』誌のバックナンバーなどの内容を参考にしたことも充分考えられることである。そして、その投稿文は、見事に最高賞たる「天」賞に輝いたのである。「佚名子」の投稿文は、「家庭編輯部」によって、最高の賞をもらうに値する内容を備えた文章として、『家庭』誌上で最高の「天」賞として表彰され、また読者にそういうものとして読まれ得る活字として掲載されたのである。

ここでもう少し、『家庭』の受容という側面を見ておきたいのだが、その際、投書欄「はがき集」での、読者同士の応答や読者の意見が参考になると思われる。この欄は、読者の度々の要望に応える形で、「家庭編輯部」が「読者が本誌に対する希望とか、読者と読者との交通親交上の事」（第三巻第二号「はがき集」）など、その欄にふさわしいものを掲載することを目的に第三巻第三号より設けたものである。具体的にみるのは、第三巻第六号（一九〇三年〈明治三十六〉六月）から第一一号（同十一月）にかけて、「あき子」「蓮山女」「朝子」と称する三人の女性間で交わされた応答である。

「あき子」の「女子は男子に服従すべきものなるや同権なるやに就て争ひあるよ本誌も読者は如何に思ほさる丶にや伺上候」（第六号、五六頁）との問いかけに、「蓮山女」が、

　あき子様前号で御申しの同権と服従とのことですね、これはとてもわけがつきませんよ、みんなが仏様の子になる迄は男子も女子も互に悪るいんですもの。他人はしかたもありませんが家庭《この》読者と云はる丶程の者は互に誡めあつて、がらに合はんことを思つたり言つたり又あまり思ひさがりすぎたりせないやうに気をつけ、吾が天職を全くし、よきをみなとならふぢやありませんか。

（第八号、四九頁）

と、早速に返答すれば、それについて「あき子」が「蓮山女様、同権と服従とのことに就て、話は少し脇へ参りますが、……気を付ける付けての心の根本が定まつて居りませねば、如何に気を付けやうと思ふても、不安で〳〵気の付けやうが有りません、どのやうに心の根本をきめたならば宜敷う御座いましやうか」（第九号、五三頁）と「心の根本」に「話を脇へ」ずらして尋ね返せば、「蓮山女」が、「あき子様よ、心の根本をきよめますには、……うへなきみほとけの教を御聞き遊ばせ、大きい御慈悲と御智恵とに支配せられて、不平の、不安のといふ様なこゝろは露なくなり、安らに分を修めゆくことが出来ます」（第一〇号、五五頁）と答え、さらに「朝子」が「蓮山女とあき子様との御問答は至極重要なことにて、たゞ男女同権の議論のみならず総べての事柄に付て心のおちつきが有りませねばいけません」（第一〇号、五六頁）というように、結局のところ、男女同権の問題は、それ自体の議論が深められることはなく、要するに、心の修め方によって、男女の権利問題には対処すべきだというような、いわば仏教による修心論に帰着し、「前号のはがき欄にて蓮山女様と朝子様との御教へにあづかり難有存じます、共に御仰せの旨には少しも違ふ考を持つて居るのでも有りませぬが、唯何とはなしにとかく心が仏様を遠ざかるやうでならないと云ふのも有りますから、以後は充分心がおちつくやうに勉強を致さうと存じております」（第一一号、五二頁）と、一応「あき子」が納得した形で終わっている。

最初の「蓮山女」返答中の「家庭《この》読者と云はるゝ程の者は」という「あき子」への語りかけには、読者共同体的な発想を伴う『家庭』読者同士として自覚がみられ、そして、このような女性たちによる『家庭』の投稿欄を舞台にした応答の存在は、ひいては『家庭』という雑誌が、その雑誌を繋がりとした読者たちの仏教信仰的共同体への帰属意識を形成し得えた可能性をうかがわせよう。

また、「みんなが仏様の子になる迄は男子も女子も互に悪るいんですもの」という「蓮山女」の返答には、男女ともに「仏様の子」になることが目指される点でその平等性がうかがえるが、結局は、心を落ち着かせて、分相応にその「天職を全」うすることを強調し、説得せんとしたのである。このような論調は、たとえば、塩川雪子が「夫婦別ありといふことに就いて」で、男女の「権」や「本分」について、

男女の権異なればこそ一家はやすく治まり、世の人情も円満に進むなれ、斯く各その範囲に於て義務を果すといふごときは、みな天則の然らしむる所にしてさまで六ケ敷事にあらず、男は社会に立つて公事に尽し、孝子忠臣たるは男子当然の事業といふべし、女は貞婦賢母となりて、裏面の小事を始め夫につかへ子を教へ父母につかふる、これその本分といふべし、……もしこれを混乱斉視して、皆同じ事となし、同じ功を奏せんと欲せば、互に相争ふて一家に風波起り、散乱たるの様を呈すべく、是れ夫婦の別なきものにして、男女同権を口にするも、蓋しその真意を失ふものならむ。(30)

と論じているが、このような男女の役割論的な論調が『家庭』にしばしば掲載され、また「家庭庶務部」自ら『家庭』の特長として「進歩に偏らず保守に失せず敏とくやさしく品貴き婦人を養成す(31)」ることを掲げていたくらいであるから、「家庭読者」意識を共有しようという「蓮山女」であってみれば、「あき子」への返答内容も自ずと決まってこようものである。そして、『家庭』編集部としても

『家庭』の所定欄に掲載する内容は、当然そのような同誌の基調に適うものでなくてはならなかっただろう。

四　「女性」の救済をめぐって

最後に、『家庭』における「女性」救済の言説についてみてみたい。

①「女性」の救済（一）

『家庭』の編集責任者とでも言うべき浩々洞同人近藤純悟の「同情の本源」(32)は、冒頭で「女子は最も弱く最も精神上の罪悪に富めるものなりと申さば諸姉は……首肯せられ候や、否や」と読者にある女性観を問いかけながら、叙述が始まる。先取りすれば、近藤は、このような「女子」の自覚は、確かに「女子」に苦悩を生じさせるが、しかし、この苦悩こそが、仏の同情を寄せ、結果として救済されるのだという。具体的には、ここでは「女子」の苦悩は、「家庭」の主婦をめぐって問題化される。

夕立の雲の如く群り起る未来の希望、虹の七色の如き美なる少女《おとめ》の理想は舅姑の前に夢の如く消え去り、理想の良人《おっと》と思ひしにさほどの勝れも見えず、反て種々の不足の点など眼に映じ、理想の家庭を造り出さんと思ひし身は、家風の典型《いがた》に入れられて平凡なる世話女房になり了り、彼を思ひ此を思ひ胸苦しくなり、われながら浅ましくうら悲しく殆ど身も世もあられね（ママ）境遇に陥りたる人にして始めて人の世の思ふ儘ならず頼み難き味ひをも知るべしと存候。(33)

ここには、夢と希望と理想に満ちた「少女」がいざ嫁となると、「家風の典型」によって「平凡なる世話女房」になってしまい、「浅ましくうら悲しく殆ど身も世もあられね《(ママ)》境遇に陥り」「人の世の思ふ儘ならず頼み難き味ひをも知る」のだと、いわば「家庭」における主婦の苦悩が指摘される。このような苦悩に満ちた主婦は、「轗軻不遇」「薄倖なる失恋の身」となり「前途に希望なく現在に楽しみを有せざる人」となり、そこで「始めて人の死の道に急ぐ所以を知り」、そのような人に「同情の熱き涙を濺ぐ」ほどに同情の気持ちが湧くのだとされる。「女性」が主婦として「家庭」に入ることに伴う苦悩とは、このように絶望に値するほどのものとして、近藤によって語られる。そして、このように語った上で、近藤は、苦悩する主婦たる「女性」に以下のように救済を語るのである。

斯の如く自己の弱きを知り、また自己の内心の邪念、悪心の為に悩める人はその苦悩を免れ安慰を得んが為に他の同情を要するものに候。仏は実に悩める者に向つて大同情を寄せられ候。……仏は「大慈悲者」に候。仏は人々の内心の暗黒を破りて安慰と喜楽とを得せしめ玉ふ光明に候。その光明は……平等に総ての上に及べる大慈悲に候。故に此仏を尽十方無碍光如来と申奉り候。真の慈悲同情の根元に候。(34)

「家庭」における苦悩によって「自己の弱きを知り、また自己の内心の邪念、悪心の為に悩める人」には、「大慈悲者」たる仏が「大同情」を寄せ、安慰を与えるというのである。「悩める者」とは、ここでは当然、「家庭」の主婦たる「女性」である。「自己の弱きを知り……」とは、いわば「自己の内心」の内省を前提にしている発言であり、自己内省が、救済の要件として前提とされているだろう。

このように、『家庭』誌においては、主婦には「家庭」を理想的なものにする責務があると説かれ、そして、それに挫折し苦悩する主婦は、仏が救済すると説かれる。主婦の努力の結果できた理想的「家庭」には仏の慈悲心が「家族」に溢れ、残念ながら挫折した「家庭」の苦悩する主婦にも、仏の慈悲心は寄せられるのであるから、どちらにしても、主婦は「家庭」においては、仏によって救済され得る存在として語られていると言えるだろう。

しかしながら、結局のところ、「家庭」で良妻賢母を演じ、家事などの責任を担わされているのは主婦であり、彼女たちは、苦悩ぬきには「家庭」では生きてはいけないのである。そして、ここでは、その苦悩こそが、救済の前提とされて論じられているのだ。そして、このような救済観は、近藤に限られたものではない。たとえば、同誌の中心的論者である今井昇道は、「煩悶ある者は幸なり、其人は疑惑あればなり。病みて始めて薬あり、暗くして始めて光あり、疑惑あるものは、遂に信念に達する時あればなり[35]」と述べている。

ところで、以上のような「家庭」における主婦の苦悩とその救済を語る言説は、本来個別的であるべき個人としての「女性」救済のあり方を、実は「家庭」における主婦の救済として一般化するものと見なすことができる。このような「家庭」自体を苦悩の根源としながら語られる「女性」救済の言説においては、苦悩は決して個別化されず、主婦たる女性の苦悩は、「家庭」に付随する苦悩として一般化され、その上で、救済されると語られているのである。このような救済の言説は、「家庭」の出現が「近代」の現象であってみれば、まさに「近代」的救済の一つのあり方として指摘できよう。

②「女性」の救済（二）

さて、今確認した近藤純悟の言辞に見えるように、『家庭』誌の論調として、「女性」を弱き者、罪深き者というように偏った「女性」観に立ちながら、「女性」救済を語る傾向があることを、とくに指摘しておかなくてはなるまい[36]。近藤が、第二巻第九号巻頭に叙述した「罪ある女に」は、その意味で重要である。

「口にこそ出さね、人の前にこそ我慢を張りて居もすれ、静かに内心を省るときは己れは如何にあさましく罪深きものなるかを感じそらおそろしき思ひあり」とは某女がわれに語りたる所に候。然り、女は罪深きものなり、女は弱きものなりとは、男子が以て女子を軽賤すべき語には無之候。罪悪の凡夫、苦悩の衆生といふ語が他人を責むるの語ならずして、正に自己内心の感じを表白したるものなるべきが如く、女子は罪深きものなりとは、女子自からが其内心に感じたる所を表白したるものたらざるべからずと存候。罪悪の自覚は宗教の天地に於ける須要の関門にして、絶対他力の大道は正に此上にあるものと存ぜられ候[37]。

と、「某女」自らがしたとされる「罪深」さの「表白」を冒頭におきながら、「女は罪深きものなり、女は弱きものなりとは、男子が以て女子を軽賤」した言葉ではなく、「女子自からが其内心に感じたる所を表白した」と近藤は述べている。ここには、「某女」の「表白」をもって、「女子」一般が語られるという論理の飛躍がある。「某女」の表白が、いかにも「女子」たる者が「女子」ゆえに罪悪感を感じているかのような根拠として引用されているのである。

また、「罪悪の凡夫、苦悩の衆生といふ語が他人を責むるの語ならずして、正に自己内心の感じを表白したるものなるべきが如く、女子は罪深きものなりとは、女子自からが其内心に感じたる所を表白したるものたらざるべからずと存候」との言辞には、仏教における衆生に普遍の罪悪感のありようが語られているようだが、決してそうではない。「罪悪の凡夫」「苦悩の衆生」という自覚が、なるほど凡夫・衆生たちの自己内心の表白であるとしても、しかし、だからといって、「女子は罪深きものなり」という「女子」の表白は、その「罪悪の凡夫」という語句と同じ意味にはなるまい。なぜなら、「女子は罪深きものなり」という言葉が、「罪悪の凡夫」「苦悩の衆生」という自己内心の表白を意味するとして、その意味では、仮に同じ表白ではあっても、しかし、そのような自己内心の表白が、「女子」の表白として特別に表象されねばならない根拠は示されていないからである。「女子」の表白としてではなく、あくまで凡夫・衆生の自己内心の表白としてしか表象されえないはずである。にもかかわらず、わざわざ「女子は」と語られるのである。

こうした「女子は」として語り始める救済の語りそれ自体が、本質主義的な語りの構えをもつものであり、それは、「女子」ゆえの罪悪感の存在を、固定化する言説である。また、ここには、何ゆえその「某女」がそのように自らを「罪深きもの」として己れを見つめるまなざしをもつに至ったのかは、一切注意されない。たとえば、五障三従説にみるような、女性は救われ難いものだという、「某女」の表白に先立って存在する仏教教説とその受容という視点は、そこにはないのである。[38]だが、こうした罪悪の自覚こそが、「宗教の天地に於ける須要の関門にして、絶対他力の大道は正に此上にあるもの」として、まさに「精神主義」信仰は、近藤により唱導されるのである。

スコットのジェンダー概念を参照すれば、女性ゆえの罪悪感という発想に基づく「精神主義」の救済の教説は、言ってみれば「肉体的差異に意味を付与する知」そのものである。さらに言えば、肉体的差異とパラレルに精神的差異を想定した救済の教説となっているとみなせよう。そして、こうした「女性」救済の言説を伴う救済の「知」が、かえって罪悪感に満ちた女性を産出していくことになったのではあるまいか。見逃がしてはならない「精神主義」のジェンダーの問題として、このことを指摘しておきたい。

おわりに

①「精神主義」に孕まれたもの

以上、『家庭』に近代の仏教者、なかんずく真宗関係者が論ずる「家庭」観と「女性」救済観をみてきた。「家庭」については、「仏の御園生」「小極楽」としてのあり方が目指され、そして、主婦はその実現を成し遂げる存在として家庭での責を任され、そうした主婦の苦労と苦悩には、仏の慈悲心が救済の手を差し伸べてくれるというのである。また、「女性」の救済については、救済の契機となる罪悪の自覚、すなわち内省が促された。「家庭」概念が、明治二十年代に成立したことを考慮すれば、こうした「仏教的家庭」もまた同じように歴史的に構成されようとしたのであり、『家庭』誌は、まさに、そうした「仏教的家庭」像を創出すべき役割を担い存在したのである。そして、「仏教的家庭」に属する「仏教婦人」と彼女たちを救済する語りとは、「近代」仏教の新たなる救済の言説であったとみなすべきであろう。そして、それは救済のためには、内省による己れの罪悪感の自覚を求めるという、「近代」の救済の特徴を備えるものでもあった[39]。

ところで、「唯一の仏教婦人雑誌」を自任する『家庭』誌において、仏教的理想の「家庭」や「女性」の救済を論ずる者は、ほぼ全員が男性論者であった。とりわけ「女性」自らが「女性」の救済を本格的に語るものは、ほとんど見られない。つまり、「男性」が「女性」の救済を一方的に語るという構図が、『家庭』には見受けられるのである。

安藤州一によって『精神界』と「新夫婦」の関係のごとくあったと回想された『家庭』ではあったが、「精神主義」者たちは、『精神界』のほかに、「女性」向けに救済を語る場を別にもっていた、少なくともそういう時期があったことになるのだが、しかし、それは決して「女性」が自らの信仰を語る場という意味ではなく、「男性」論者が、「女性」に向けて「精神主義」信仰を唱導する場という性格をもっていたものとして理解すべきだろう。

ちなみに、『精神界』と『家庭』との刊行が重なる時期だけを調べてみても、『精神界』で「女性」論者が「女性」救済を語る論考は一つもない。また、『精神界』における「男性」論者による「女性」救済と仏教的「家庭」についての論考は、佐々木月樵が「仏教の婦人観[40]」と題する論考で、複数の経典から女人往生観などを引用しつつ、仏教における男尊女卑の根拠を古代社会の風習の反映とし、また、釈尊は社会改良家ではなく、あくまで精神界の救済者であると論じ、最後に、釈尊が説いた「仏教的家庭の理想」として、「親子」「師弟」「夫婦」「親属」「主従」の心得について、『仏説尸迦羅越六方礼経』を引用紹介しているのみである。つまり、『家庭』『精神界』両者ともに、「精神主義」的救済の語りは「男性」がする傾向が強く、また、後者では「女性」救済や仏教的「家庭」がとくに主題化されることはほとんどなく、それらについてはもっぱら前者においてなされたようである。

ところで、『精神界』第二巻第七号には、「生活問題」(41)と題して、「精神主義」の立場から国家問題、社会問題の解決を論じる文章がその巻頭に掲載されている。「精神主義」の立場では、これら国家・社会問題は、要するに「生活問題」であり、つまるところ、それは「生死問題」に帰着するという。それゆえ、「精神主義」の立場からは、一般に「生死の因縁を尽す」ことなく「死を排して生を求」めて「衛生を論じ、摂生を議じ、衣服飲食」を論じても、それは「生命の助長し得」ても、「生死問題の根本的解決に対しては、毫も効力なきもの」として、むしろ批判されるのである。「衛生論や、摂生論や、衣服論や、飲食論やは、決して国家問題社会問題を解決する所以にあらざる」というのである。

ここで注意すべきは、「精神主義」者の「生死問題」解決方法の具体策ではなく、「精神主義」の立場からは、「生活問題」の解決の方策として「衛生論」「摂生論」「衣服論」「飲食論」を論じても、根本的解決とはならぬと論じている点である。なぜなら、これらの論点は、『家庭』の内容構成の中で確固としてあるからである。『家庭』がその特長として論じる内容を、『精神界』では、論じることさえ否定的に言うのである。しかも、「精神主義」の浩々洞を同じ発行所にしながらである。『精神界』が「精神主義」の立場からは根本的問題でないとする、いわゆる家事一般などの家庭生活に関わる諸論については、『家庭』がその論壇となっているのである。これはどう考えるべきなのか。繰り返せば、「精神主義」という信仰の立場が、『精神界』において本格的に「男性」論者たちによって唱導され、また、「精神主義」が『精神界』の論壇上で積極的には問題としなかった論点である「女性」救済と家庭生活問題が、実は、『家庭』において論じられていたことになる。このような論壇の棲み分け的なあり方がなされていたという事実は、「精神主義」という救済の言説が向けられた対象に、男性／女性の分割線があったことを意味していよう。このことを救済言説としての「精神主義」に孕まれていた特徴として、指摘しておきたい。

②清沢満之の女性論

最後に『家庭』に掲載された清沢満之の論説を見ておきたい。同誌に「清沢満之」の筆名で掲載された論説は、創刊号巻頭の「因縁と諦ること」と「女子における感情の両面」（第二巻第三号）の二つである。ただし、後者は、後に清沢満之二五回忌に際して近藤純悟に「車上の講話」[42]として回想されるもので、厳密には清沢筆とは言い難い。それは、学監を勤める真宗大学へと急ぐ玄関先の車上において、編集長近藤の締切りの催促に応じて清沢が話したのを、近藤が成文化を任され記したものである。したがって、ここでは、前者について取り上げることにする。

因縁の理を諦めたるものは、大に奮励勉強せざるべからず。而して奮励勉強するものは、必ずその結果を希望するものたるや、論を要せざるなり。……因縁と諦むると云ふことを聞きて、絶望を表するものと聴取する人は、全く誤解に陥れる人と云ふべく、因縁と諦めて奮励勉強せざる人は、全く仏法を顛倒せる人と云ふべし。吾人は此誤解と顛倒とに注意せざるべからず。（「因縁と諦ること」）

その内容は概略、世間では一般に「絶望」と「誤解顛倒」される「因縁と諦むる」という仏教語の真意を解説せんとするものである。「因縁」とは、「因と縁との二者の和合によりて、果報を生ずるものなることを云ふ」とし、これが「因縁の理法」である。すなわち「因縁と諦むる」とは、この「理法」を自覚して生きることである。たとえば、小児が学者となるには、必ず教師が必要であり、教師が学者を養成するには必ず小児が必要となる。そして、一人の学者（果）が生まれるためには、教師（縁）と小児（因）が、両方とも「奮励勉強」しなければならないのである。

近藤は、この清沢の論説について「世の迷妄を晴されたるは一般に通じた事ながら殊に懸疹なる情感的な婦人の陥り易い点を親切に示されたるもの」[43]と、婦人向けという点を強調している。おそらく清沢は、『家庭』を婦人向けの論壇と認識して創刊号に筆を執ったであろうから、婦人への意識が彼の執筆意図に無かったとは言い切れまい。ただ、この「因縁の理法」は、一八九三年（明治二十六）に清沢が『宗教哲学骸骨』で展開していた重要な思索を表現する用語であり、実は、それをはなはだ短い文章で書き表したのが、この論説なのである。以下、その思索内容を見るにつけ、確かに『家庭』という名前自体が、婦人向けの論説であるという先入観を読者に与えたことは否めないまでも、しかし、近藤のように、この清沢の論説を、単に婦人救済を説くものと見なし、さらには彼の「女性」観を読み取ることは、かなり無理な解釈であると言わざるを得ない。

今村仁司によれば[44]、『宗教哲学骸骨』における清沢の理論的な仕事は、縁起理論の再構築であった。この縁起論は因果論とも言われ、一般には「先なるもの」があり、その効果で「後なるもの」があると考えるが、これは西洋近代の因果性論で、本来それと異なるはずの仏教の因果論であるのに、伝統仏教はこの説明法を採用してきた。そこで清沢は、この単純な因果応報論を批判し、有機組織論・万物相関論としての縁起論を展開したのである。個々のものが存在し、しかる後に相関関係があるとは考えず、相関関係があって、その中で万物は個々のものとして生成していると捉えるのである。つまり、彼の縁起論による因果論は、推移的な因果論とは違い、まず万物が「結果」であるとの把握があり、その「結果」を生み出す生産過程へ視線を移していくのである。このような彼の因果論は、「後なるものが先なるものを生む」と定式化できる。先の例で言えば、学者が誕生するには、単に先に小児と教師がいれば済む話ではない。すべては「結果」から遡って必然として分析されるのであるから、つまり、学者が誕生したという「結果」を契機に、それ相当の「奮励勉強」を行った小児（因）と教師（縁）が必然的に存在したことになるのである。事物は個別の観点から見れば、「偶会」の結果である。しかし他方で、「結果」の分析から「因素」と「縁素」を取り出し、改めて相関論を組み立てるとき、万物は「必然的」相関の相を示すのである。ある事物についての、このような「偶会」と「必然」の二重性の把握が、彼の縁起的因果性の特徴である。

このように清沢の縁起的因果論には、哲学的思索が背後に存在するのであり、「因縁と諦ること」は、その要点をごく簡単に纏めたものにすぎない。希望する「結果」を得るためには、今の「奮励」が不可欠である。だから、その希望に向けて今、一生懸命に「奮励」努力するのである。このような常に希望的「結果」を将来に見据えながら、現在を、後にそれが必然の「因果」と成るべく、「奮励」することが、仏法でいう「因縁と諦むる」についての正しい自覚に基づく生き方なのである。「結果」たる現在を、単にアキラメてしまう生き方では全くない。これは、たいへん前向きで積極的な生き方の提唱である。しかも、いかにこのような自覚を得るかは、等しく「吾人（我々）」の課題なのである。その点は、単に「女子」の罪悪感や苦悩を強調して、その救済を仏心によって説くような、ありがちな『家庭』の諸論説とは一線を画している。清沢は、読者たる婦人に、現在を将来に向けて変えていくべく、前向きに生きることを「因縁と諦る」生き方として説諭したと言うべきであろう。

実は、「因縁と諦ること」の最後の一文にある「吾人」という語は、時を同じくして発刊された『精神界』創刊号の巻頭論説「精神主義」冒頭の一文「吾人の世に在るや、必ず一つの完全なる立脚地なかるべからず」にも使われている。確かに、語としては同じだが、しかし、『精神界』では彼等の主義を提唱する論説で使われ、他方は婦人向けの『家庭』で、因果論を述べる中で使われたことを考えると、「吾人」の語に同一の意味を読み取ることは難しいだろう。そもそも、論壇によって清沢が論説内容を分けたこと、しかも『家庭』用に読者の性別に配慮したであろうことは、想像に難くない。つまり『家庭』中の「吾人」の語には、主に婦人が想定されていたと考えられるし、そのことは、反面的に、『精神界』中の「精神主義」での「吾人」が、実は、性別を超えたものではないことを、図らずも意味してしまうのである。

このようなことを考慮すると、『精神界』巻頭の「精神主義」は、やはり性的な分割線による差異化を内包する言説であったことが浮かび上がってこよう。このように、テクストには、それを読み込むことだけでは見えてこない意味がある。ほかのテクストとの諸関係から、隠れた意味が浮かび上がってくることがあるのだ。むろん、このような差異化が、たとえ清沢の本意ではなかったとしても、である。

註

（1）安藤州一「浩々洞の懐旧」（『現代仏教』第一〇五号、一九三三年、四九四頁）。近藤純悟に関しては、久木幸男「野口援太郎と近藤純悟」（『横浜国立大学教育紀要』第十一集、一九七一年）を参照。

（2）『家庭』第三巻第七号「各地仏教婦人会女学校近況」（五一～五九頁）には、各地の仏教婦人会で会員に『家庭』が配布される記事をみることができ、また、婦人会の規則でもその配布が定められていることがうかがえる。そのほか、仏教婦人会の会則などからは、会の運営状況をうかがうことができよう。たとえば、次のようである。

「●湘南仏教婦人会（相模国三浦郡豊島村字中里）

横須賀に於ける仏教婦人を統一せんとする同会は、大日方篤之助氏、鮫島少将婦人、長井婦人等、其他有志諸氏の熱心なる尽力に依りて、益々盛大に趣けり。尚今後湘陽仏教同志会女子部の名の下に、大に飛躍を試むる筈なりと云ふ。目下会員には毎月『家庭』一部つゝを配附せり／第二回湘南仏教婦人会のひろめに曰く／女子は其家庭を美しうする所の天使でなくてはならぬ、和楽の母でなくてはならぬ、……

湘南仏教婦人会規則

第一　本会は仏陀の教旨に依り婦人の品性を修養することを目的とす

第二　本会々場及び事務所は当分三浦郡豊島村中里百九十九番地と定む

第三　本会は毎月第三土曜を定日として講話会を開く又臨時茶話会を催ほすことあるべし

第四　本会に入会せんとするものは十二歳以上の女子たるべし

第五　会員は出席の有無に拘はらず会費として左表の一を選びて出金するものとす

甲　二十銭　　乙　十銭　　丙　六銭

甲種会員に対しては毎月家庭と称する雑誌一部を呈す

乙種会員に対して雑誌を望まるゝ向は実費六銭を要す

丙種会員は小学通学中の女生徒に限る別に出金を要せずして同雑誌一都《ママ》を配布す……

本年も去る五月廿八日地久節を期して、演説会を開き、村上博士、及山科教誡師を招聘せり、……」

次の「北海道慈善会婦人部協会」についての記事からは、同様に、『家庭』配布のほか、同会総裁である大谷勝尊の「垂示」からは、同会が期待する女性観がうかがえる。

「●北海道慈善会婦人部協会（函館区元町大谷派別院内）

本会は北海道慈善会の附属として、霊寿院殿大谷勝尊師の総裁の下に設立せらるものにして、福田観樹氏等の尽瘁によりて会員目下二百八十余名を得、毎月十六日を期して演説法話会を催し、当日は必ず大谷女学校高等科以上の生徒も参会し頗る盛会を極むと、尚会員には毎月『家庭』を配附する由……」

「……抑をみなは心ばへ優美に、行なひ貞淑なるをこそ、婦徳とはいふなれ、されば身を修むることは更にもいはず、家を斉ふる重きつとめありて良人をも助け、愛児を育ひつゝ、これを大いにしては、御国を治むるの助けとも心掛くべきわざぞかし、そは別の道を求むるにはあらず、古の聖人君子の行ひ、貞婦賢女のわざにつき、傍ら今の新しきわざを聞きもし、語り合ひもして、おのがこゝろばへを養ひつゝ、これを実地に及ぼしては、家政に経済に衛生に育児に、なにくれと婦人にあらんかぎりの業をなして御国の為をもはかり、おのれも亦良妻賢母と世の称誉を得んことこそ、此協会の員にいりたるしるしともいふべけれ、……」

次も同様に、『家庭』配布の記事が確認できる。

「●足柄仏教婦人会（相模国足柄下郡温泉村林泉寺内）

本会は、昨秋湘南の海岸に起りたる海嘯を動機として起りたるものにして、温泉村林泉寺住職、及幹事何某の熱心により設立せられ、雑誌『家庭』によりてひたすら仏教を鼓吹しつゝありしが、住職遷化の後新住職の熱心なる監督により一層その活力を増し来り、会員尚五十に満たずと雖も、附属少年教会を組織して育英に尽力しつゝある由、仏陀慈光の下、今後の生立を祈る」

また、『家庭』の読者を考える上で、興味深いのは、第三巻第八号「はがき集」（四九頁）欄に紹介された、三河国の「鷹見円教」という寺院の住職と推測される人物の次のような投書である。「小生は門信徒のものに展読為致、講読相勧め居候へども、田舎家庭の読物には、今一段文字も心易く、願度ものに候、又田舎高等小学上り位にては理想は夫は〳〵低きものにて、東京にありての観念とは大層に違ひ申候」。門信徒に講読させたいが、文字を平易にし、また、内容的にも、「東京」と「田舎」との「違ひ」を考慮することを編輯部に注文しているのである。また、『家庭』誌には、掲載される家庭小説に「下女」が登場したり、「下婢の使ひ方」（第二巻第八号、一九〇二年〈明治三十五〉八月、一四～一六頁）という投稿が掲載されるなど、「家庭編輯部」が想定する読者は、階層的には、「下女」「下婢」をもてるほどの階層に位置する家庭婦人であったことが推測できる。このような『家庭』の階層性を考慮し、また、こうした投書内容とを併せて考えると、『家庭』が、あらゆる地方の、あらゆる階層の読者に広く読まれたとは、必ずしも言えないと思われる。なおまた、同じく第三巻第七号の巻頭には、「我『家庭』の読者諸兄姉よ、諸兄姉の中には或は今北海道の緑陰に此を繙く人もあるべく、或は南清台湾の浜に之を閲する人もあるべく、又は苫の下の家庭、又は鉱山の麓の家庭、稲田を耨りつゝ披く人、……此等の人々は其男と女とをいはず、其老と少とを問はず、皆共々に大悲の大御親の照護の下に大道を進みゆく人達に御座候、……既に文書の上に於て、互に人生の大事を相語り候上は、まごう方もなき数千人の兄弟姉妹、その縁を名乗り合ひたるものと心強う存せられ候……」と、掲げられている。北海道から台湾まで、創刊号より「数千人」の人々が、「縁を名乗り合」ったという。発行部数は確定できないが、ただ、『家庭』誌の地域的な広がりとおおよその読者数を知ることができようか。それから、ここには、「諸兄姉」老若男女に向けた語りかけがあるが、基本的には、「唯一の仏教婦人雑誌」（同号）を自負する雑誌であった。

（3）「我等の書室」（『精神界』第八号、一九〇一年〈明治三十四〉八月、五一頁）。

（4）会の名称はこちらが正しい。『家庭』第四号「彙報」欄には、発会式（三月十六日と推測される）の記事が掲載されている。それによれば、式は、「下京区不明門通松原上る因幡薬師方丈」で午後一時より開催された。ピアノとバイオリンによる合奏がなされ、足立信子嬢の独唱があり、上杉文秀、斉藤唯信、南条文雄が講話をし、その後、「君が代」を総起立で「再唱《（ママ）》」して閉会し、引続いて、会員一同が円座を組み、茶話会をし、委員総代として近藤純悟が今後の会員の活動について告知し、散会している。

（5）以上の祝辞は、『家庭』第一号（一九〇一年〈明治三十四〉一月）、本文前掲載二～四頁から引用。

（6）『家庭』第一号、本文一～四頁。

（7）「仏教婦人と看護婦」（『家庭』第四巻第六号、三～四頁）。ほかにも、たとえば、『家庭』第四巻第七号巻頭の「本領」欄（一頁）には、「死ねば極楽だ」という次のような短編の論説が掲載されている。

西南戦争の頃、越前に朝侍繁十郎といふ人ありき、……朝侍は、何の構ふ者か、死ねば極楽だ、やつつけろと答へたり。……如何に壮快たる談ではない乎、氏は真宗の信者にして而も平素教を聞くことに手厚き人なりしとか。……よく真宗信者の体面を示して居る者と謂ふべし。内に信念厚からざれば、如何にして此の如き明白な簡単な言を以て、自己の信仰を告白し得んや。我心に、死後は仏陀の威力に依て楽しき浄土に至ることを確信し居らずんば、如何にして現在に少しも恐怖心を生ぜず、敵弾の雨の如く来るを忘る可けんや。

（8）上野千鶴子『近代家族の成立と終焉』（岩波書店、一九九四年）。以下の引用は、同書「II 近代と女性」（六九～一〇五頁）。

（9）ホブズボウムの「創り出された伝統」概念とは、「通常、顕在と潜在とを問わず容認された規則によって統括される一連の慣習であり、反復によってある特定の行為や価値を教え込もうとし、必然的に過去からの連続性を暗示する一連の儀礼的ないし象徴的特質」（『創られた伝統』、紀伊國屋書店、一九九二年、一〇頁）と捉えられている。『創られた伝統』では、「伝統」文化が、実は、過去二世紀ほどという最近に創り出されたものであることを、英国を実例として、分析している。

（10）牟田和恵「明治期総合雑誌にみる家族像――「家庭」の登場とそのパラドックス――」（『社会学評論』四一―一、一九九〇年。のちに、同『戦略としての家族――近代日本の国民国家形成と女性――』、新曜社、一九九六年に再録）。分析対象に挙げられている雑誌は、具体的には『明六雑誌』『近事評論』『家庭叢談』『六合雑誌』『国民之友』『中央公論』『太陽』である。

（11）とくに、家族・家庭論関係では、ほかには、以下の先行研究が参考になった。中嶌邦「明治二〇年代の生活論――『家庭雑誌』『家庭叢書』を中心として――」（『史艸』一〇、一九六九年）、同「母性論の系譜」（『歴史公論』五―七、一九七九年）、青山なを・野辺地清江「『女学雑誌』の基礎研究一～四（東京女子大学『比較文化』九～一二、一九六三～一九六六年）、千葉乗隆「仏教における女性組織の近代化――婦人教会の設立運動――」（『龍谷大学論集』四二一、一九八二年）、永原和子「良妻賢母主義教育における「家」と職業」（女性史総合研究会編『日本女性史』第四巻近代、東京大学出版会、一九八二年）、沢山美果子「近代的母親像の形成についての一考察――一八九〇～一九〇〇年代における育児論の展開――」（『歴史評論』四四三、一九八七年）、犬塚都子「明治中期の「ホーム」論――明治十八年～二十六年の『女学雑誌』を手がかりとして――」（『御茶ノ水女子大学人文科学紀要』四二、一九八九年)、成田龍一「衛生環境のなかの女性と女性観」(女性史総合研究会編『日本女性生活史』第四巻近代、東京大学出版会、一九九〇年)、小山静子『良妻賢母という規範』(勁草書房、一九九一年)、牟田和恵「戦略としての女」(『思想』八一二、一九九二年)、木村涼子「婦人雑誌の情報空間と女性大衆読者層の成立――近代日本における主婦役割の形成との関連で――」(同前)、上野千鶴子『ナショナリズムとジェンダー』(青土社、一九九八年)など。そのほか、参考文献として、女性史総合研究会編『日本女性史研究文献目録』Ⅰ～Ⅲ(東京大学出版会、一九八三～一九九四年)、内野久美子編著『日本女性研究基礎文献目録』(学陽書房、一九八三年)、歴史科学協議会編『女性史研究入門』(三省堂、一九九一年)を挙げておく。

(12) 男性が女性の救済を表象するというこのような関係を、男性による女性への一種の「植民地主義」として批判する見方がある。詳しくは、川崎範子・熊本英人「弱者の口を借りて何を語るのか」(『現代思想』一九九八年六月号)を参照。

(13) 「ジェンダー」については、序章においてジョーン・W・スコットの「肉体的差異に意味を付与する知」という概念を紹介したが、基本的には、「ジェンダー」概念の有効性については、以下のように考えている。上野千鶴子は、フランスのクリスティーヌ・デルフィの「セックスとジェンダー」(一九八八年)と題する論文から引文し、「ジェンダー」の有効性を説明する(「差異の政治学」『ジェンダーの社会学』所収、岩波書店、一九九五年)。「彼女は「ジェンダー」の概念に到達したことによって三つのことが可能になった」と書く。①社会的でかつ恣意的であると思われる男女間の差異が、一つの概念に含まれたこと。②ジェンダーという単数によって、強調点を分割された各項(二つのジェンダー)から、分割それ自身の原則へと移行することが可能になったこと。③ジェンダー概念のなかに階層性が組み入れられたこと」と。つまり、「ジェンダーとは、男もしくは女というそれぞれの項なのではなく、男/女に人間の集団を分割するその分割線、差異化そのものだということである。したがって、ジェンダー論の対象とは、男もしくは女という「ふたつのジェンダー」なのではない。「ひとつのジェンダー」、すなわち差異化という行為そのものが対象になる」と上野は説明している。スコットの概念は、こうした「ジェンダー」概念をより戦略的に、理解し直しているものと考えられよう。

「ジェンダー」をめぐる理論的追求は、たいへん緻密に展開されてきている。最近では、「ジェンダー/セクリュアリティー」（『思想』八八六、一九九八年）、「ジェンダーの歴史学」（『思想』八九八、一九九九年）、ジュディス・バトラー（竹村和子訳）『ジェンダートラブル――フェミニズムとアイデンティティーの攪乱――』（青土社、一九九九年）がある。筆者は、ジェンダー概念のすべてを把握しきれていないが、現時点では、ジェンダーの基本的な理解をディルフィによりながら、スコットの提示する概念の分析概念としての戦略性を評価する立場でありたいと考えている。

(14) ちなみに、創刊号の内容構成は、「主義」「論説」「法苑」「詞林」「家庭」「史伝」「雑纂」「彙報」からなり、途中、「小説」「解釈」、さらに第一〇号東京移転号からは「講話」が加わっている。第二巻では、目次は見出しなしで論題が箇条書きされ、内容別の整理がなされなくなるものの、取り上げられる具体的な記事内容としては、救済論のほか、料理法、裁縫、育児法、衛生法など家事全般、そして、和歌、国文学（解釈）、漢詩などに関してであり、創刊号以来、大幅な変更はない。

(15) 中嶌邦「明治二〇年代の生活論――『家庭雑誌』『家庭叢書』を中心として――」（『史艸』一〇、一九六九年、二一一頁）。

(16) 『国民之友』一六六（一八九二年〈明治二十五〉九月）「広告」欄。

(17) 「小楽土」（『家庭』第三巻第五号、一九〇三年〈明治三十六〉五月、一～四頁）。

(18) 「永劫の霊泉」（『家庭』第三巻第八号、一九〇三年〈明治三十六〉八月、五～六頁）。

(19) 『家庭』表紙裏「広告」（第三巻第七号、一九〇三年〈明治三十六〉七月）。

(20) 大須賀秋峰「菅公の家庭」（『家庭』第二巻第四号、一九〇二年〈明治三十五〉四月、五～九頁）。

(21) 「仏教家庭の経済法」（『家庭』第三巻第一〇号、一九〇三年〈明治三十六〉十月、五～六頁）。蓮如のテクストは、『家庭』誌において、たとえばこのように「家庭」の「経済法」の文脈で、近代へと再生させられるのである。

(22) 清水谷鴨川「小社会の責任」（『家庭』第二巻第一二号、一九〇二年〈明治三十五〉十二月、三六～四〇頁）。

(23) 牟田註(10)前掲論文。

(24) 「家庭に於ける男女の位置」（『家庭』第三巻第一〇号「本領」、一九〇三年〈明治三十六〉十月、一～四頁）。

(25) 上野註(8)前掲書、七七頁。

(26) 同前項。
(27) 山脇房子「家庭雑話集」（『家庭』第三巻第一一号、一九〇三年〈明治三十六〉十一月、一八頁）。
(28) 池田旭東「夕ばえ」（『家庭』第三巻第二号、一九〇三年〈明治三十六〉二月、二三～二九頁）。
(29) 東京佚名子「家の掟」（『家庭』第三巻第五号、一九〇三年〈明治三十六〉五月、三七～三九頁）。
(30) 「夫婦別ありといふことに就いて」（『家庭』第二巻第一一号、一九〇二年〈明治三十五〉十一月、五二～五四頁）。
(31) 「広告」『家庭』（第三巻第七号、一九〇三年〈明治三十六〉七月）。
(32) 近藤純悟「同情の本源」（『家庭』第二巻第四号、一九〇二年〈明治三十五〉四月、一～四頁）。
(33) 同前、三頁。
(34) 同前、三～四頁。
(35) 今井昇道「心界百話」（『家庭』第二巻第二号、一九〇二年〈明治三十五〉二月、三八頁）。
(36) 『家庭』誌には、ここで取り上げた近藤純悟の論説以外にも、ある固定的な「女性」観を説きながら、その上で「女性」救済を論ずる言説が散見できる。たとえば、「清沢満之」の筆名の（近藤純悟筆録）「女子に於ける感情の両面」（第二巻第三号、三～五頁）には、次のように説かれている。「人間は一般に感情的のものだといひますが、殊に女子に於て著しいと思ひます。否著しいばかりでなく女子は殆ど感情のかたまり、若くは化現といつてもよろしからう。実に此の感情の発作如何によりて慳貪邪見の女子が出来、又温良恭謙の婦人も出来るのである。……彼の感情の善き方に発作するものは自ら意識するとせざるとに拘らず仏の光明の摂護によりて斯の如くあるのである」と。また、仏教における「女性」救済の特徴として、「変成男子」という論理があるが、この救済の論理もまた、仏教の独特の「女性」観に基づくものと見なすべきであろう。では、そのような救済観について、『家庭』誌上では、いかに論じられていたのだろうか。たとえば、河崎顕了が、その名も「変成男子」（『家庭』第一一号、一九〇一年〈明治三十四〉十一月、九～一三頁）の中で次のように論じている。少し長くなるが、要約する。
阿弥陀如来は、「わが諸姉妹」を浄土へ導くために「変成男子」という本願をたてて下さった。この「婦人が男子となる」というのは、妙ではあるが、事実、如来の信心を信じて死んだ場合は、婦人は男子と成って浄土に往くのである。だが、私としては、この現在活動し生きている間になされる変化こそが、遥かに有難いと感じるのである。では、現在生きながら変化するとはどういうことか。ところで、人間の命は、「肉身」と「精神」からなるのであり、命終時には、この両者が変化をするのである。そう考えるならば、「変成男子」は、現在生きている間における、私たち自身の「精神」の変化があったこととして理解しなければなるまい。では、その変化は可能だろうか。さて、本願文にみる男子、女人という事柄は、形体・生理上の区別だけではなく、精神上の区別について言い顕していると私は思うのだが、そのような男女の精神上の区別は、常に経典の言うところである。たとえば、「如来の性、丈夫の法なるが故に、若し衆生ありて、自身如来の性あることを知らず、世間に称して、男子と為すと雖も、我説く、此輩は是女人なり。若し女人ありて、能く其身に如来の性あること知らば、世間に称して、女人と云ふと雖も、我説く、此等男子と為すなり」（『大般涅槃経』）が典型的である。これによれば、精神に「如来の性」を知ると、知らぬが、男子と婦人の別れるところとされるが、私は、そのような意味で、本願文を理解したい。では、この「如来の性」とは何か。「信心よろこぶその人を、如来とひとしとき給ふ、大信心は仏性なり、仏性すなわち如来なり」（『和讃』）とあるように、大信心＝如来の性である。つまり、信心の有無が、男子と婦人との「別れ目」となる。したがって「わが諸姉妹」が、「変成男子」の願益を得るか否かは、信心の有無によるのである。そして、この信心の「大用」は、「生ける現身」に活動するのだから、「変成男子」もまた、「生ける現身」に活動するのである。では、この大信心を得やすいのは誰か。「わが諸姉妹」こそが、如来の大慈悲心により「有髭男子」より「一倍この信心の得易」いのである。『御文』に「十方の如来も、三世の諸仏にもすてられたる、女人なりけるを、かたじけなくも、弥陀如来は、ひとりかゝる機を、すくわんとちかひ給ひて、すでに四十八願をおこしたまへり。そのうち第十八願の願いにおいて、一切の悪人女人をたすけ給へるに、なほ女人はつみふかく、うたかひのこゝろふかきによりて、またかさねて、第三十五の願に於て、なほ女人をたすけんといへる願をおこしたまへり」とあるように、「わが諸姉妹」は、「宿縁深厚にして」、このような如来の愛憨を蒙むるのである。これは、幸福なことである。世の多くの婦人が、猜疑・嫉妬・怨憎・愚痴に苦悩するのに対し、信心ある「わが諸姉妹」は、「変成男子」の「大益」により、そのような苦悩はないのである。「わが諸姉妹」が、信心により「変成男子」の「大益」を蒙ることを深く希望している。以上である。精神に「如来の性」を知ることが、信心を得ることであり、それは同時に「男子」たることを意味する。反対に、「女人」とは、そのような精神性＝信心の欠如態として存在するわけである。すなわち、「変成男子」の救済論理は、死後の問題から現在の生きている間における精神性すなわち信心の有無の問題へとずらされ、その上で、信心を得やすいのが、実は「男子」よりも「女人」であることを説き、読者たる「わが諸姉妹」に反省と信心獲得を促すのである。だが、何ゆえ、「女人」の方が信心を得やすいのか、については、せいぜい「宿縁深厚」ゆえに「如来の大慈悲心」を蒙るということぐらいの説明しかない。結局のところ、『御文』中の願文の「女人はつみふかく、うたかいのこゝろふかき」という「女性」観を前提とする救済観となっていると見なせよう。

(37)　近藤純悟「罪ある女に」(『家庭』第二巻第九号、一九〇二年〈明治三十五〉九月、一頁)。
(38)　仏教の性差別の問題については、菱木政晴「仏教の性差別」(『日本仏教学会年報』五六、一九九一年)などを参照。
(39)　このような「近代」仏教における救済の特徴については、本書第三章を参照のこと。
(40)　「仏教の婦人観」(『精神界』第五巻第二号、一九〇五年〈明治三十八〉二月、九～一八頁)。
(41)　「生活問題」(『精神界』第二巻第七号、一九〇二年〈明治三十五〉七月、二～四頁)。
(42)　近藤純悟「巨鐘の音」(『清沢満之』、大谷大学観照社、一九二八年、二一五～二二六頁。一九九四年、大空社から復刻)。
(43)　同前項。
(44)　今村仁司「解説」(『現代語訳清沢満之語録』、岩波書店、二〇〇一年、四六一～四八八頁)。
＊史料の引用に際し、一部の旧字を現行漢字に改め、また適宜、句読点・濁点を補った。

あとがきにかえて

筆者と、本書のテーマとの関係について、自分史を振り返りつつ思うところを記して、あとがきにかえたい。

筆者が「精神主義」の言葉と、はじめて遭遇したのは、ずいぶん幼い頃である。むろん、それが清沢満之の「信仰」告白の言説であると知ったのは、ずいぶん後のことである。金沢市内の真宗大谷派寺院の長男でありながら、結婚を機に寺の後継を辞退した父の子として生まれた筆者が、自宅の和ダンス上に六字の名号を安置しただけの、簡素な「仏壇」を前に、家族揃ってはじめて「正信偈」を勤めたのは、小学三年生の報恩講であった。その日をきっかけに、毎週日曜日夕方に、必ずお勤めをする生活となり、最後に必ず清沢の「絶対他力の大道」と題された、小冊子のくり読みを一節分ずつと、それから「にほいぐさ」という暁烏敏が作曲した歌を家族で唱するようになった。筆者が、大学進学で家を離れるまで、ずっと、このような習慣はあった。

自己とは他なし、絶対無限の妙用に乗託して任運に法爾に、此の現前の境遇に落在せるもの、即ち是なり。……請ふ勿れ、求むる勿れ、……若し不足ありと思はば、是れ爾の不信にあらずや。……独立者は常に生死巌頭に立在すべきなり。……何をか修養の方法となす。曰く、須らく自己を省察すべし、大道を知見すべし。……（「絶対他力の大道」）

それにしても、このような徹底的な自己内省を促す「精神主義」信仰の世界への違和感は、少年の筆者にはなかったのかどうか、今では分からない。ただ、自らの心を内省する習慣は、この頃には、良くも悪くもでき上がってしまっていたのだろう。そんな内省的な習慣のゆえか、高校生の筆者は、煩悶の日々を過ごしたのだった。はたして、そんな煩悶高校生が、毎週、「絶対他力の大道」に何を聞いていたのか。「自己とは何ぞや」と内省を厳しく促す清沢の言葉は、自らを苦しめる営みに無関係であったとは到底思えない。自分を厳しく追い詰めることを、内省的な営みの証しとして自覚していたようにすら記憶している。とすれば、清沢の呼びかけの言葉は、決して慰めではなかっただろう。

そんな鬱屈した生活から逃れるように、筆者は、長閑な街にある大学で学生生活を送った。ただひたすらに、見ず知らずの土地で、一人暮らしをして、一から生き直したい衝動に突き動かされて、同級生をはじめ、多くの友人たち、大学の先生方との出会いを必死に生きることで、毎日が精一杯であった。

そんな筆者が所属したのは、日本思想史学講座であった。そこで、山田洸、豊澤一両先生のもとで思想史研究の基礎を学び始めた筆者は、一人の人間として、いかに生きていくべきかという漠然ながら、しかし切実であった問いに、研究室での学びが少なからず答えてくれる気がしたのだった。そして、その期待は、決して裏切られることはなかった。豊澤先生のご自宅には、何度訪問したか数え切れない。とにかく、筆者の拙い話に真夜中まで耳を傾けていただいたことに今でも感謝している。また、四回生時には、教育学部に橋尾四郎先生をたずね、明治教育制度史を学ぶ機会を得た。二人だけの自主ゼミは、貴重な時間であった。

卒業論文は、山田先生の指導のもと、「福沢諭吉論」を纏めたのだった。講義で、近代日本の人権思想の受容の系譜論など、日本思想史を批判的に学ぶ中で、感じさせられ、またふつふつと沸いてきたのは、近現代社会や歴史への、素朴なしかし、それゆえに相当根深い嫌悪感、違和感であった。そして、断片としてしかなかった過去の途切れ途切れの記憶が、その意味付けを求めるかのように、思い出されてきたのだった。裏が共産党議員宅のためか、しばしば派出所の警官が、自宅を〝訪問〟しに来たこと。水俣病訴訟を闘う人々が、自宅に時折寝泊りしていて、ただならぬものを感じたこと。自宅の本棚に無造作にあった『アサヒグラフ』のベトナム戦争特集号を勝手に持ち出し、中学の文化祭で切り抜いて展示したこと。知り合った障害者の共同作業所の狭さと息苦しさに、途方に暮れたことなど。一体、何をどう考え何をなすべきだったのか。人間の生き様や権利とは、筆者にはそうした生活の場で、さまざまな人々との出会いとすれ違いの記憶とともに、意識されるものであった。

しかし、言語化できないような、止めどなく甦る記憶をどう整理し、自らが取り組める課題としていけるか、検討すらつかなかった。それらの多くは、現代史の問題であったが、ただ、思想史を学びながら、近現代の諸問題の源として、明治という時代を研究しなければならないのではないか、と感じたのだった。山田先生の『近代日本道徳思想史研究』（未来社、一九七二年）をはじめとする御著書や、研究室に開架された書物などを繙きながら、とくに筆者の問題関心に響いてきたのが啓蒙思想家福沢諭吉の著作類であった。彼の「思想」の問題性は、同時に、近現代日本の思想史の陥穽を露にするのではないかと直感したのだった。そんな素朴な問題意識から纏めた卒業論文であった。

修士論文を纏めかけた頃、欧州では、東西ドイツが統一を果たし、ソビエト連邦が、崩壊の危機に瀕していた。まさに一つの時代が終わろうとしていた。何を語り得るのか。修士論文を「福沢諭吉論

――福沢に於ける啓蒙の構造――」として、とくに福沢の愚民観に基づいた宗教利用論を批判的に論じて、何とか纏めたものの、実のところ思想史研究の現在的意義がわからなくなっていたのだった。思想史研究の意義や方法について、すっきりしない思いを抱いていた筆者は、必ずしも多いとは言えない、思想史研究の方法論の論文を読んだりもした。歴史科学大系二〇『思想史〈近現代〉』（歴史科学協議会編、校倉書房、一九八三年）所収の、丸山真男「思想史の考え方について――類型・範囲・対象――」、家永三郎「日本思想史学の課題と方法」は、何度も繰り返し読んだことを記憶している。家永氏の自ら思想家たれという、思想史研究者としての心構えは、確かに促されたように思った。だが、具体的な分析方法となると、定まらぬ思いのままであった。

自らの研究に未熟を感じながらも、筆者は、仏教思想史がご専門の大桑斉先生、故黒田俊雄先生を頼り、大谷大学大学院へ進んだ。真宗寺院に縁のある者としてのアイデンティティーを確かめつつ、仏教や宗教に関心を置きながら、思想史を考えたいと思ったからである。こうして、筆者は、思想史学という学知との出会いを通して、清沢満之の「精神主義」の言葉と再会することになった。自らに住み着き、染み込んだものを、対象化していく、そのような意味があったのだと、今にして思う。同時に、「近代」の仏教信仰として評価される「精神主義」を、「近代」に成立する信仰の問題としてどう考えるか、ということが意識されたのだった。さらには、「近代」自体をどう捉えるのかなど、福沢への問題意識と、「近代」の信仰へ問題意識は、密接に関わってくるテーマであった。

驚いたのは、福沢研究もさることながら、清沢研究の、その並々ならぬ量であった。と同時に、なぜこんなにも論者の意図に合わせて多種多様な清沢満之像が再構成されてきたのだろう、という素朴な疑問を感じた。論者の立場や意図が決まれば、論じられる福沢像や清沢像もまた、自ずと予想されてくるのである。たとえば「近代化」を進めたか否かは、その主な評価基準としてあった。

論者の立場如何で決定される思想家像。はたして、思想史研究とは、論者の数だけ存在する思想家像を数限りなく産出していくことが、本当にその目的とすべきことなのだろうか。そんな研究方法をめぐる袋小路に迷っていた筆者は、大学の先輩に誘われるまま、当時、子安宣邦先生主宰の京都の「近世思想史研究会」(「思想史・文化理論研究会」へ改称)に出席するようになった。従来の思想史研究を方法論的観点から再検討を試みんとする例会の、参加者の真剣で殺気だった雰囲気に圧倒されながら、思想史研究の厳しさと難しさを痛感させられたと同時に、自らの問いが、決して見当外れでないことに気づかされ、問いを共有できる場所を見つけられた嬉しさを感じたのだった。研究会でお会いした辻本雅史先生、桂島宣弘先生、宮川康子先生には、今日まで、折に触れ、温かい助言と激励をいただいている。先生方には、感謝の言葉も見つからない。ほどなく大阪大学での子安ゼミに出席を許され、近代日本の『歎異抄』論を報告する機会に恵まれた。本書第三章の『歎異抄』論は、実は、そのときの報告が下敷となっている。たった一度ではあったけれども、そのときのことは、今でも筆者の記憶にしっかりと刻み込まれている。それほどに貴重な報告であった。

また、特筆すべきは、一九九二・九三年夏、大桑先生の指導の下に開催された、UCLAのヘルマン・オームス氏(『徳川イデオロギー』〈ぺりかん社、一九九〇年〉の著者)を囲んでの大谷大学大学院特別セミナー「シンポジウム『徳川イデオロギー』」に参加し、たいへんな刺激を得たことである。藤原正巳氏、前田一郎氏、平野寿則氏らとともに参加した足掛け三年間のセミナーへの準備会を兼ねた勉強会は、とにかく猛烈なものであったが、自らの思想史研究のあり方自体を一から問い直すきっかけとなった。

端的に言えば、福沢諭吉論や清沢満之論、そして「精神主義」論にしても、従来の思想史学の方法からする研究が、実は、皆同じパラダイム（「解釈学的基底」）においてなされているのではないか、と気がついたとき、そのパラダイム自体を問い直し、乗り越えていくことができるならば、自分にもまだ、思想史研究を通じて、為し得ることがあるのではないか、と力漲る思いに駆られた。そして、拙いながらも何とか纏めたのが、第一章のもととなる『大谷大学大学院研究紀要』の論考である。当時、男子学生寮（大谷大学知真学寮）で寮監を兼務しながらの多忙な学生生活を送る筆者を励まして下さったのは、寮で居をともにした歴代の寮長の佐々木令信先生、故武田武麿先生、佐賀枝夏文先生、学生部長をされていた石橋義秀先生、鈴木幹雄先生、そして、底抜けに元気な寮生たちと温もり溢れる二人の寮母さんだった。鈴木先生には、本書のもととなる博士論文の副査をしていただいた。

その頃から、一方で思想史・文化理論の方法と課題を追究しつつ、江戸時代も射程に入れながら、近代・現代の宗教・仏教の思想史研究を進めてきたつもりである。言ってみれば、筆者なりの〈方法〉としての思想史の追究の営みである。本書の論題に「思想史としての…」とこだわるのもそれゆえである。再度確認しておけば、本書における研究の基本的な方法としては、言説への視座を据えながらのテクスト分析を意識したものであり、「十九世紀」「近代の文法」といった世界システムの大きな転換期における日本の思想状況の変容に着目する視座のほか、ジェンダー論、歴史記述、宗教論という視座を設定している。各論における考察を一読していただければわかるように、これらの視座を通しての分析で見えてくるものとは、決して「精神主義」の総合ではない。「精神主義」についての唯一の像をスタティックに提示することではなく、いまだ不問に付されている多様な断面について着目し、引き続きそれらを明確にしていくことを目指したいと考えたのである。また、そこに一思想史研究者としての責任と思想史研究の意義を見出したいのである。このような断面から見えてくる思想像の中には、とくに現代の仏教・真宗関係者たちにとって、重大な問題を提示しているものもあるだろう。ほかでもなく、本書の一つひとつの論考が目指すのは、そうした現在との呼応なのであり、過去との対話だけでは、決して済まされない諸課題である。

本書の諸論考は、上述した以外に、現代思想研究会、日本近代仏教史研究会、日韓宗教研究FORUMなどでの発表や討論の蓄積がなければ到底、書き上げることはできなかった。毎月の現代思想研究会では、樋口浩造氏をはじめ、中村春作氏、松田京子氏、石黒衞氏、表智之氏、平野敬和氏、吉田雄介氏らとともに、さまざまな理論書を読み続けた。文化理論研究の現在を追い続けるメンバーたちに、いい刺激をもらっていた。日本近代仏教史研究会（会長・池田英俊先生）では、発表の度ごとに、大濱徹也先生に叱咤された。が、それがとても嬉しく励みとなった。木場明志先生には、そんな貴重な発表の機会を幾度となく作っていただいた。そして、日韓宗教研究FORUMでは、島薗進先生をはじめ、神田秀雄先生、佐藤光俊金光教教学研究所長や韓国の宗教研究者との出会いと交流を通じて、自らの問題関心が「宗教」「信仰」研究へと広がっていくきっかけをいただいた。

とにかく、さまざまな研究会のメンバーたちの渾身の力を込めた発表に刺激を受けつつ、ときには、自らも拙い発表をしては忌憚のない批判を受けることが、かえって自らの課題を再確認する機会となった。次に挙げる文章は、筆者がある研究会でメンバーの発表を通して知り得た文章からの一節である。

過去の現在への関連づけと、現在から過去への呼び出しとを、不可分のもの、双方的なもの、往還的なものとして理解していくこと――ベンヤミンの主張をこのように受けとめ引き継ぐことができないだろうか。とするならば、歴史という場は、もはや「均質で空虚な時間」によって暦のごとくに律せられる場ではなく、「いまによって満たされた時間」の流れる場となり、「今を積み込んだ過去」が再措定されて浮上してくる場となるであろう。／つまり歴史は現在に対して開かれたままであるのだ。だからこそ今を生きる人々の苦悩が現在進行形ですすんでいくのである。過去はただ過去としてあるのではない。また現在はただ現在としてあるだけではない。両者は絶えず複雑に往復しているのであり、過去は「過去」として「いま」を積み込み、そして「いま」は「過去」を積み込んでいるのである。時間の重層性とはそのような意味にほかならない。(1)

著者の杉原達は、ベンヤミンの歴史についての定義を参考に、(2)日頃、中国人強制連行問題に関わる中で、歴史を記述することの意義を、「過去」と「現在」との往還的関係論として構想しているのである。過去がただ単に過去としてあるのではなく、現在からの「呼び出し」によって、「過去」＝歴史は「「いまによって満たされた時間」の流れる場」として再措定され、同時に、その「いま」もまた「過去」を積み込むことになるという。杉原のこの発言は、帝国日本の戦時責任を「いま」の問題として浮上させることと同時に、「歴史を書き留める行為が、「われわれ」のトートロジカルな確認のためになされるのではないこと、そうではなく「国民」から排除され隠蔽されてきた他者と応答する場の形成(3)」の企図を示唆しているのである。現在と過去との往還的なものしての「歴史」理解には、単なる過去と現在の対話という次元を超えた、歴史研究の可能性があるようだ。

ところで、杉原がここで言う「均質で空虚な時間」とは、「国民」という「想像の共同体」[4]に流れる時間のことである。そのような時間に「暦のように律せられる」国民国家として、過去を、そして歴史を記述することを、杉原は批判的に乗り越えようとしている。この杉原の指摘は、筆者にとっては、これまでの自らの考察を見つめ直し、さらにもう一歩を進めていくための得難い示唆を含んでいるとも思われる。だが、具体的な取り組みについては、現時点では、後日に期すことを誓うほかはない。研究会での刺激は、喜ばしいかな、立ち止まることを許してはくれない。

こうした思想史研究へのこだわりは、自らの「いかに生くべきか」へのこだわりでもあり、そのまま生きる証でもある。たとえ不充分なものであろうと、語らねば気づけない、見えてこないこともあるはずだと思う。「私たちは語らねばならない。私たちが誰を忘却しているのかを知るために」……。そして、「他者からの批判に、自らのアイデンティティを脱臼させる」[5]ことを恐れずに。

本来、お名前を挙げて謝辞を申し上げなくてはならない方が、御著書『真宗史仏教史の研究』II・III（平楽寺書店、一九九六・二〇〇〇年）の校正のお手伝いをさせていただいた故柏原祐泉先生、ご自宅の「聞思室」での、毎月の『金子大栄著作集』学習会でお世話になった金子宏先生、京都光華女子大学真宗文化研究所での在勤時、ご配慮いただいた細川行信前所長、太田清史所長をはじめ、ほかにもいらっしゃるが、紙幅の都合上、やむなく割愛させていただく。法藏館編集部の上別府茂氏、大山靖子さんをはじめ、本当に、多くの方々のおかげで本書が成ったということを思わずにはおられない。皆様には、心より御礼申し上げたい。

最後になったが、大谷大学大学院在学時以来、上述したような私の勝手気儘な試行錯誤の歩みをずっと見放さずに、常に温かく見守っていただいている大桑斉先生には、公私にわたりたいへんお世話になっている。末筆ながら、この場をお借りして厚く御礼を申し上げたい。そして、いつも凜としながら励ましてくれる福島りえ、あなたに心から感謝したい。

二〇〇三年五月

福島栄寿

註

（1）杉原達「責任のありか——中国人強制連行問題からの一考察——」（『大阪問題の研究』（共著）第六章、関西大学経済・政治研究所『研究双書』第一一一冊、一九九九年）。同氏による中国人強制連行問題についての研究成果は、『中国人強制連行』（岩波新書、二〇〇二年）を参照されたい。

（2）「歴史の概念について」（『ボードレール』岩波文庫、一九九四年、三四一頁）で、ベンヤミンは、「歴史という構造物の場を形成するのは、均質で空虚な時間ではなくて、〈いま〉によってみたされた時間である」と述べている。

（3）樋口浩造「『国民の歴史』批判——『敗戦後論』と国民国家論批判に対抗して——」（『日本思想史研究会会報』第一七号、一九九九年十一月）。

（4）ベネディクト・アンダーソン『想像の共同体』（白石隆・白石さや訳、リブロポート、一九八七年、四四頁）。

（5）岡真理『彼女の「正しい」名前とは何か——第三フェミニズムの思想——』（青土社、二〇〇〇年、一九四～一九五頁）。

＊引用文の改行部分には、「／」を入れて示した。

初出一覧

本書は、一九九九年秋に大谷大学へ提出した博士論文を一部加筆訂正したものである。主に、一九九三年の大学院研究紀要論文から、一九九九年夏の宗教史懇話会サマーセミナーでの発表原稿までを含め、さまざまな機会における口頭発表や既発表論文から成っている。それらを全体の構成上、改編し原形を止めていないものもあるが、各章の初出を一覧にして示しておく。

序章　本研究の方法と視座――「精神主義」研究の現状と課題――

一九九九年度日本宗教史懇話会サマーセミナー（於・三重県鳥羽市内）での発表原稿「「精神主義」の諸相――思想史からのアプローチ――」を中心に、既発表論文「思想史学の方法についての覚書――清沢満之批判論をめぐって――」（『大谷大学大学院研究紀要』第一〇号、一九九三年）を部分的に援用しつつ、書き下ろした同題の『仏教史学研究』（第四三巻第一号、二〇〇〇年）への掲載論文に若干の訂正を行った。

補論　久木幸男著『検証清沢満之批判』をめぐって

「新刊紹介：久木幸男著『検証清沢満之批判』」（日本近代仏教史研究会編『近代仏教』第六号、一九九九年）。当初付していた註については、序章の内容と重複し、不必要であると判断したものについては削除し、また、説明不足と思われる箇所には、註を付して補った。

第一章　「精神主義」の波紋――親鸞と清沢満之を共に語る言説の成立――

「「精神主義」の波紋についての一考察――清沢満之の思想についてのある言説をめぐって――」（真宗連合学会編『真宗研究』第三九号、一九九四年）。本研究の主題に沿うように論題を若干変更したが、論旨に変更はない。

第二章　福沢諭吉の「宗教」認識の波紋

「近代日本の「宗教」認識——福沢諭吉の『宗教論』をめぐって——」（日本思想史研究会編『日本思想史研究会会報』第一五号、一九九七年）。本研究の主題に沿うように論題を若干変更したが、論旨に変更はない。

第三章　『歎異抄』解釈の十九世紀——自己認識の創出と二つの他者——

「蓮如の近代——暁烏敏「『歎異鈔』を読む」にみる——」（光蓮寺仏教研究会編『蓮師教学研究』第六号、探求社、一九九六年）と、「『歎異抄』解釈の十九世紀」（「江戸の思想」編集委員会編『江戸の思想』第七号、ぺりかん社、一九九七年）の二つの既発表論考を、とくに後者を軸に書き改め、また、註を増やし、論旨を補強した。また、本研究の主題に沿うように論題を若干変更した。

第四章　「史家」の蓮如伝——『仏教史林』所収「恵燈大師蓮如」をめぐって——

「「史家」の蓮如伝——『仏教史林』所収「恵燈大師蓮如」について——」（光蓮寺仏教研究会編『蓮師教学研究』第七号、探求社、一九九七年）。論旨をより明確にするために、表現を変更したり、説明を追加するなど、若干の訂正を行った。

第五章　仏教婦人雑誌『家庭』にみる「家庭」と「女性」——「精神主義」のジェンダー——

「近代日本の仏教と女性——仏教婦人雑誌『家庭』にみる仏教的「家庭」と「女性」——」（光蓮寺仏教研究会編『蓮師教学研究』第八号、探求社、一九九八年）。本研究の主題に沿うように、論題を若干変更した。また、論旨を補強するために、註を追加したり説明を補うなど、若干の改編を行った。

福島栄寿（ふくしま　えいじゅ）

1965年京都府に生まれる。1991年山口大学人文科学研究科修了，1995年大谷大学文学研究科修了，現在，真宗大谷派教学研究所研究員，大谷大学博士(文学)。著書に『「精神主義」の求道者たち―清沢満之と暁烏敏―』（京都光華女子大学真宗文化研究所，2003年），論文に「国民「宗教」の創出―暁烏敏の天皇「生仏」論をめぐって―」（大桑斉編『論集仏教土着』法藏館，2003年）等多数。

日本仏教史研究叢書
思想史としての「精神主義」

二〇〇三年八月二〇日　初版第一刷発行

著　者　福島栄寿
発行者　西村七兵衛
発行所　株式会社　法藏館
京都市下京区正面通烏丸東入
郵便番号　六〇〇-八一五三
電話　〇七五-三四三-〇〇三〇（編集）
〇七五-三四三-五六五六（営業）

印刷・製本　亜細亜印刷株式会社

ISBN 4-8318-6032-8 C1321

日本仏教史研究叢書刊行にあたって

仏教は、普遍的真理を掲げてアジア大陸を横断し、東端の日本という列島にたどり着き、個別・特殊と遭遇して日本仏教として展開した。人びとはこの教えを受容し、変容を加え、新たに形成し展開して、ついには土着せしめた。この教えによって生死した列島の人々の歴史がある。それは文化・思想、さらに国家・政治・経済・社会に至るまで、歴史の全過程に深く関与した。その解明が日本仏教史研究であり、日本史研究の根幹をなす。

二十世紀末の世界史的変動は、一つの時代の終わりと、新たな時代の始まりを告げるものである。歴史学もまた新たな歴史像を構築しなければならない。終わろうとしている時代は、宗教からの人間の自立に拠点をおいていた。次の時代は、再び宗教が問題化される。そこから新しい日本仏教史研究が要請される。

新進気鋭の研究者が次々に生まれている。その斬新な視座からの新しい研究を世に問い、学界の新たな推進力となることを念願する。

二〇〇三年八月

日本仏教史研究叢書編集委員

赤松徹真　大桑　斉
児玉　識　平　雅行
竹貫元勝　中井真孝